No Limiar do Etéreo

J. Arthur Findlay

No Limiar do Etéreo

ou

SOBREVIVÊNCIA À MORTE CIENTIFICAMENTE
EXPLICADA

☆

FEDERAÇÃO ESPÍRITA BRASILEIRA
DEPARTAMENTO EDITORIAL E GRÁFICO
Rua Souza Valente, 17
20941-040 — Rio-RJ — Brasil

ISBN 85-7328-289-4

N.R.B.N.

4ª edição – *Do 26º ao 28º milheiro*

81-AA; 000.3-O; 6/2002

Capa de CECCONI

Prefácio de
SIR WILLIAM BARRETT, F.R.S.

Traduzido do inglês por
LUIZ O. GUILLON RIBEIRO

Composição, fotolitos e impressão offset:
Departamento Gráfico da FEB – Rua Souza Valente, 17
20941-040 – Rio de Janeiro, RJ – Brasil
CNPJ nº 33.644.857/0002-84 *I.E. nº 81.600.503*

Pedidos de livros à FEB – Departamento Editorial:
Tel: (0xx 21) 2589-6020, FAX: (0xx 21) 2589-6838

CIP-BRASIL. CATALOGAÇÃO-NA-FONTE
SINDICATO NACIONAL DOS EDITORES DE LIVROS, RJ.

F531n
4.ed.

Findlay, James Arthur, 1883-
No limiar do etéreo, ou, Sobrevivência à morte cientificamente explicada / J. Arthur Findlay; [prefácio de Sir William Barrett; traduzido do inglês por Luiz O. Guillon Ribeiro]. – 4. ed. – Rio de Janeiro: Federação Espírita Brasileira, 2002
192p.:

ISBN 85-7328-289-4

1. Sloan, John C. 2. Espiritismo. 3. Parapsicologia. I. Federação Espírita Brasileira. II. Título. III. Título: Sobrevivência à morte cientificamente explicada.

02-0876. CDD 133.9
CDU 133.7

29.05.02 03.06.02 001002

ÍNDICE

NO LIMIAR DO ETÉREO

Para darmos a ver que o autor da presente obra, que só não interessará aos que, nada sabendo de Psiquismo experimental, nada querem saber, por se comprazerem na ignorância da Verdade, não é uma personalidade apagada ou de nenhum relevo no rol dos homens cultos, diremos que o Sr. Arthur Findlay, além de outros títulos justificativos da notoriedade de que goza, é:

Membro de "Glasgow Stock Exchange";
Diretor do "Dominion and General Trust";
Autor de algumas obras sobre Economia e Finanças;
Autoridade em Agricultura;
Presidente do Instituto Internacional de Pesquisas Psíquicas;
Presidente da "London Spiritualist Alliance";
Presidente da "Psychic News" e de "Light".

“Pesquisai e achareis, pois tendes a Natureza a vos auxiliar na descoberta da Verdade. Se, entretanto, não vos sentirdes capazes de avançar pelos caminhos que levam a descobri-la, atendei aos que já investigaram.”

EPICTETO

PROÊMIO

Em setembro de 1924, imprimi um opúsculo a que dei o título de "Uma Investigação dos Fenômenos Psíquicos". Era um resumo das notas por mim tomadas durante as experiências com o Sr. John C. Sloan. A impressão desse trabalho foi feita apenas para distribuição particular.

Tratava, exclusivamente, de algumas das minhas experiências, reunidas, a princípio, para uma exposição que fiz aos Membros da Sociedade de Pesquisas Psíquicas de Glasgow, a 25 de março de 1924. A mesma exposição fi-la depois, mais desenvolvida, aos Membros da Aliança Espiritualista de Londres, no mês seguinte, e foi publicada pouco mais tarde, na "Light" de 19 de abril a 10 de maio do mesmo ano. Explanei também esse tema em outras cidades do país, para grandes e cultos auditórios.

A pedido de muitos dos assíduos freqüentadores das sessões do Sr. Sloan, encetei a preparação de um livro maior, com um relato mais completo de minhas experiências com esse médium excepcional; porém, um motivo e outro lhe impediram a publicação. Passei, então, a residir na Inglaterra (1), *onde tive que atender a vários interesses, sendo por isso adiada a terminação do volume.*

Estando agora inteiramente concluído, espero que a demora não lhe terá invalidado o conteúdo. Encerra ele

(1) Parte sul da Grã-Bretanha. — **Nota da Editora Brasileira.**

um registro fiel baseado em notas que tomei na ocasião das experiências que fiz, nas datas mencionadas. Desde então, nada ocorreu que alterasse a minha crença de que me fora dada a ventura de proceder a experiências sobre fenômenos de caráter supranormal e relativamente raros. De que esses fenômenos se produzem e de que estive em contacto com entidades que viveram na Terra e foram conhecidas pelos nomes que deram, não tenho a menor dúvida.

Lamento que Sir William Barrett, que bondosamente escreveu o prefácio para o opúsculo mencionado acima, já não se encontre entre nós, pois, do contrário, tornaria a pedir-lhe que escrevesse novamente algumas linhas para este volume mais amplo.

J. ARTHUR FINDLAY

Stansted Hall, Essex.
Setembro, 1931.

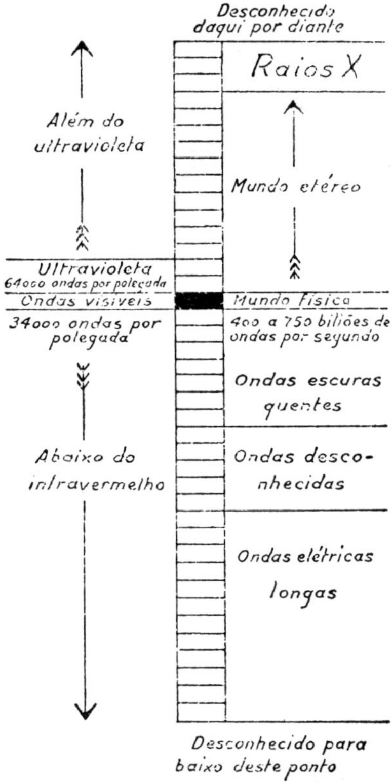

Mostra este diagrama quão limitadas são as nossas percepções sensoriais, pois que somente a parte em preto representa o espectro, que é tudo o que sentimos entre as inumeráveis ondas que transmitem som e cor, as quais nos passam despercebidas. O mundo etéreo temos para nós que começa logo acima das vibrações do mundo físico. Baseamo-nos, para assim considerar, no conhecimento adquirido por meio da fotografia psíquica, da clarividência e da clariaudiência e no fato de que, através das idades, os seres etéreos chamados fantasmas hão sido observados, de quando em quando, pela visão normal. Daí se deduz que as suas mais baixas vibrações devem precisamente confinar com as nossas vibrações de ordem físico-normais, da audição e da visão.

PREFÁCIO

Do falecido Sir William F. Barrett, F. R. S. (1) para «Uma Investigação dos Fenômenos Psíquicos»

Pediu-me o amigo Sr. J. Arthur Findlay que escrevesse algumas linhas à guisa de introdução e fi-lo com prazer, porquanto alguns dos que vão ler o relato de suas experiências talvez não conheçam a posição honrosa que ocupa ele na cidade Glasgow. Poucos homens há mais apreciados pela sua integridade e retidão de caráter do que o Sr. Findlay e poucos os que, como ele, não são considerados impostores ou charlatães. É necessária grande coragem moral, para que alguém arrisque uma posição dessas, proclamando abertamente a sua crença nos admiráveis fenômenos psíquicos que descreve.

Os incrédulos, em geral, consideram embusteiros ou néscios os espíritas e, infelizmente, alguns há dos chamados "médiuns" que merecem um desses epítetos ou ambos. O assunto assemelha-se a uma vela acesa: atrai e queima os incautos e os precipitados, bem como os crédulos e os fátuos. Porém, as investigações escrupulosas e imparciais da Sociedade de Pesquisas Psíquicas o colocaram numa situação inteiramente diversa da que ocupava há 40 anos, granjeando-lhe a adesão de muitos homens de valor indiscutível na literatura, nas artes e na ciência.

---

(1) F. R. S. = Membro (Fellow) da Royal Society (of London). — **Nota da Editora Brasileira.**

O Sr. Findlay foi um dos fundadores e é, agora, vice-presidente da Sociedade de Pesquisas Psíquicas de Glasgow, que tem como presidente o Conde Balfour.

Não é própria a ocasião para discutirmos os fenômenos do Espiritismo; direi, tão-somente, após 50 anos de estudos da matéria, que estou convencido, como anteriormente já o disse, de que, "embora se possa hoje provar serem muitos fenômenos psíquicos supranormais devidos a condições anormais do cérebro, há, contudo, e haverá sempre, fatos devidamente comprovados, que levarão a Ciência a admitir a existência da alma e também de um mundo espiritual, povoado de seres inteligentes desencarnados, muitos dos quais podem ocasionalmente, se bem que de modo mais ou menos imperfeito, entrar em comunicação conosco".

Ao mesmo tempo, faz-se mister uma palavra de advertência, porque perigoso é o assunto para espíritos fracos que com ele se ocupem. O teor das mensagens que, pelo transe, vêm dos desencarnados deveria ser rigorosamente examinado, antes que se lhes desse crédito, e as dissertações científicas ou religiosas, que essas mensagens muitas vezes contêm, não deveriam nunca ser consideradas pelo seu valor aparente.

O Sr. Findlay, parece-me, revela um espírito crítico, conquanto simpático à questão, ao relatar suas experiências neste ramo tão difícil e embaraçoso da psicologia experimental.

Setembro de 1924.

CAPÍTULO I

INTRODUÇÃO

> "Se alguém me convencer de que estou errado, prazerosamente me corrigirei, pois procuro a verdade, que nunca prejudicou o homem."
>
> **Marco Aurélio**

Tenho meditado e ponderado muito sobre as extraordinárias experiências a que procedi, durante estes 12 últimos anos, experiências tão extraordinárias, tão estranhas às nossas idéias sobre os fenômenos da Natureza, que compreendo facilmente a dificuldade que muitos hão de encontrar para admitir o que aqui exponho, como narrativa fiel e verdadeira do que realmente ocorreu. Posso apenas esperar que aqueles que já realizaram experiências semelhantes aceitem o que afirmo, sem hesitação, nem dúvida. Reconheço que, se, há 13 anos, eu mesmo fora convidado a crer nestes fatos singulares, houvera tido por impossível fazê-lo; é que, então, o meu desenvolvimento mental não era suficiente a permitir-me compreender o assunto. Não teria percebido que as manifestações psíquicas, que tive a fortuna de observar, são, como as demais manifestações da Natureza, reguladas por lei e devidamente ordenadas. Só quando os nossos conhecimentos hão avançado bastante, é que nos apercebemos de que esta nova ciência se harmoniza com todas as de que já nos inteiramos.

Como disse, efetuei interessantes e maravilhosas experiências, porque me pus em contacto com um mundo novo, um mundo em que mesmo os maiores investigadores da matéria mal começam a penetrar. Verdadeiramente privilegiada foi a posição em que vim a encontrar-me, desde que há 12 anos me foi dada a grande ventura de encontrar o Sr. John C. Sloan, um dos médiuns mais bem dotados deste país. Em sua presença, quando favoráveis as condições, vozes que lhe eram completamente estranhas me falaram, dizendo serem de amigos meus, que eu, na minha ignorância, supunha mortos. Essas vozes não as produz o médium e não se fazem ouvir unicamente quando há outras pessoas presentes, mas também quando ele e eu estamos sós. Não são produzidas por meio de qualquer fraude e, após anos de meditação, cheguei à convicção plena de que os Espíritos dos que supomos mortos podem revelar-se, presentes de novo, ao nosso mundo material, tomando de empréstimo ao médium uma certa substância, que lhe emana do corpo e que os habilita a reconstituir, temporariamente, seus órgãos vocais e fazer vibrar a nossa atmosfera, mediante a utilização desses órgãos.

Devemos, primeiramente, compreender bem que o mundo do Espírito faz parte deste mundo e o circunda; que também é material, embora de uma substância bastante delicada, para poder ser apreciada pelos nossos sentidos; que, aqui, agora, somos Espíritos revestidos de um corpo físico, não sendo a morte mais do que o fenômeno pelo qual o corpo etéreo ou espirítico se separa daquele outro. O corpo etéreo é o real e permanente, reprodução exata do molde físico. Depois que se tenha apreciado isto, é que mais facilmente se compreenderá como, em certas condições que ainda não conseguimos perceber bem, pode ele novamente revestir-se de matéria física e proceder, sob a ação diretora do espírito, tal qual procedemos.

Enquanto prevalecer a idéia de que o Espírito do homem é qualquer coisa como uma rajada de vento ou uma nuvem diáfana, sem forma, nem substância, a incredulidade permanecerá entre os que imaginam só existir o que pode ser visto e ouvido e que nada mais existe além dos limites do mundo físico.

Certas condições se fazem necessárias, para que possível seja, aos que já viveram neste nosso mundo físico, a rematerialização de seus corpos, compondo-os daquela substância etérea. A primcira é a presença de alguém que possua em excesso essa substância a que recentemente deram os nomes de *ectoplasma* e *teleplasma*. Nenhuma importância tem que se prefira usar um ou outro desses dois nomes. A pessoa assim dotada é chamada "médium", se bem eu creia que todos nós possuímos qualidades mediúnicas em maior ou menor escala, uma vez que todos temos aquela substância entranhada no nosso corpo. O médium propriamente dito apenas difere das demais criaturas humanas, porque dispõe da aludida substância em maior proporção do que as outras, de sorte que mais fácil se torna às inteligências, que dele se utilizem temporariamente, extraírem do seu organismo tal substância.

No caso da "voz direta", ao qual passo a me referir, os melhores resultados se obtêm na escuridão, porque as vibrações da luz dificultam a formação do ectoplasma com suficiente solidez para fazer vibrar a atmosfera. Daí vem que, conquanto eu tenha ouvido vozes à luz do dia, elas são mais fortes e se desenvolvem melhor na obscuridade ou à luz vermelha, que carece da ação destrutiva peculiar à luz branca. São também essenciais a calma e a harmonia; e as condições atmosféricas igualmente influem, às vezes, nos resultados. Por exemplo, quando a atmosfera está muito carregada de eletricidade, precários são aqueles. As melhores manifestações se conseguem nas noites de luar, serenas e plácidas, estando a atmosfera não muito impregnada de umidade. Difíceis são de estabelecer-se teoricamente as melhores condições para a produção do fenômeno; só com a experiência se chega à obtenção dos mais apreciáveis efeitos. Porém, quando se logra consegui-los bons, verdadeiramente maravilhosas são as manifestações. Vozes de todos os graus de cultura e de entonação se dirigem aos assistentes que, pelo tom peculiar a cada uma, logram reconhecê-las como sendo as de determinadas pessoas que viveram na Terra. O cepticismo do observador pode perdurar por algum tempo; mas, o seu desejo honesto de alcançar a verdade acaba prevalecendo e a convicção se lhe torna inevitável, desde que ele prossiga nas pesquisas.

Esta introdução tem por objeto, em primeiro lugar, afastar certos preconceitos e falsas idéias; em segundo, assinalar a nossa colossal ignorância do Universo; em terceiro, acentuar as grandes limitações dos nossos órgãos sensitivos. Deveríamos acercar-nos desta nova revelação com a mente aparelhada de plasticidade bastante para nos permitir um reajustamento das nossas opiniões e o abandono de todas as idéias preconcebidas, que alimentemos acerca do que é possível e do que é impossível.

Antes de irmos além, façamos um retrospecto. A história da Igreja Cristã (1) é típica em todos os movimentos, assim religiosos, como políticos. Nela, os que dispunham de autoridade ditavam a lei, a que os carentes de autoridade tinham de obedecer. Aos primeiros não interessava melhorar a instrução do povo ou diminuir-lhe a ignorância, e o povo era tão néscio que nada mais podia fazer, senão prestar obediência aos poderosos. Essa época é hoje considerada a do obscurantismo. Com a invenção da imprensa, começou a luz a dissipar as trevas. Principiou então a mente humana a desenvolver-se e os homens

---

(1) Melhor diria o autor: Igreja Católica. — **Nota do tradutor.**

entraram a pensar. Em 1543, Copérnico publicava suas descobertas e, a partir dessa data, uma era nova se abriu para a Europa. Começamos a compreender o nosso parentesco com o resto do Universo. Surgiu Kepler, seguido de Galileu, Leonardo da Vinci, Bruno, Newton, Darwin e muitos outros, que levaram por diante o facho do conhecimento e muito concorreram para que se desvanecesse a ignorância das épocas em que eles viveram. Foram denunciados, excomungados e difamados; porém, nada obstante, abriram caminho à verdade e hoje todas as pessoas cultas lhes aceitam as teorias.

Nos princípios do século atual, grande mudança principiaram a sofrer as idéias, no sentido de encarar-se o homem não somente como um ser físico. Deram lugar a essa mudança a descoberta da composição da matéria e a gradativa aceitação dos fenômenos psíquicos. No século dezenove, tinha-se a matéria como constituída de átomos, ou seja, de pequenas partículas que se congregavam para formar um todo maior ou menor, conforme o caso, à semelhança do que se dá com um pudim de arroz, que é feito de várias partículas deste cereal. A descoberta dos raios X, impondo novo exame da constituição das coisas que vemos, deu em resultado outra descoberta verdadeiramente extraordinária, a de que a matéria é constituída de elementos a que foram dados os nomes de eléctrons e prótons. Mas, nem os prótons, nem os eléctrons são substâncias, no sentido em que se costuma empregar esta palavra. São tão diminutos, que impossível se torna apanhá-los, de sorte que a natureza e a constituição da matéria ficam sendo uma questão de inferência. De que se compõe, então, o universo material? Em verdade, não o sabemos; há, entretanto, uma coisa que a mentalidade científica já vai percebendo: que o universo físico não é o universo real. Antes de Copérnico, supunha-se que o Sol e a Lua giravam em torno da Terra;

que as estrelas eram pontos luminosos presos ao imenso zimbório e que se lhes não podia imaginar as grandezas. O autor do *Gênesis* lhes descreveu a criação em cinco palavras, como se suprimisse tardiamente a uma omissão "e fez também as estrelas". A Terra era tida por centro do Universo e de forma plana, vazio o espaço todo, exceto nos lugares onde se achavam o Sol, a Lua e as estrelas. Assim, do mesmo modo por que uma criança de hoje descreveria o Universo, descreviam-no os nossos antepassados, há 400 anos.

De certa maneira, estamos, presentemente, num período semelhante, de transição. O que a observação individual induziria o homem a dizer é que o que ele vê, ou seja, a Terra e tudo o que nela há, é real e sólido; que o Sol é uma massa real e sólida e que o espaço é vazio, exceto de estrelas e planetas. Este, diriam muitos dentre nós, o caminho que o senso comum aponta para a solução de tal problema. Real é o que vemos e tocamos; o que não se pode ver, nem tocar, é irreal. Mas, precisamente porque a Terra é que gira em torno do Sol e não este ao seu derredor, somos levados pela Ciência a ver o Universo como coisa muito diferente do que parece, a considerar real o que não se vê, e real, apenas para nós, que nos achamos revestidos de um corpo físico, o que vemos.

Permita-se-me dar um exemplo elucidativo do que acabo de expor. Imaginemos que nos achamos, em plena escuridão, dentro de uma igreja, que nunca vimos; que, aí, apenas divisamos múltiplas luzes cintilantes a se moverem lentamente em várias direções. Todos os que lá se encontrassem diriam que a única coisa real na igreja eram as luzes, cujos movimentos estavam observando. Tal, hoje, a nossa posição no Universo. Essas luzes representam as estrelas, o universo material. Entretanto, invadida a igreja pela claridade solar, as luzes que víamos em movimento se nos tornam invisíveis, por ser a luz do dia mais forte do que a dos pontos luminosos que observávamos na escuridão. Assim, a luz solar nos revela um aspecto inteiramente diverso do que tínhamos diante de nós. Quando observamos o Universo com olhos materiais, dá-se o mesmo que sucede quando, na obscuridade, observamos pontos luminosos que se movimentam ao nosso derredor. Estando no escuro, dentro da igreja figurada, pensamos que, além de nós, nada mais ali pode haver; contudo, em despontando o dia, vemos o púlpito, os bancos, as janelas e as paredes. De fato, passamos a ter uma visão diferente por completo da que tínhamos antes.

Se duas pessoas relatassem o que viram, uma, enquanto durou a escuridão, outra a plena luz, obteríamos duas descrições absolutamente diversas, ainda que para ambas fosse a mesma a igreja, e as coisas, nela, estivessem nos mesmos lugares. Dentro dos nossos corpos físicos, vemos o Universo do ponto de vista da pessoa que esteve na igreja às escuras. Eis aí por que é impossível uma explicação material do Universo, quer pelas teorias de Einstein, quer pelas de qualquer outro filósofo. Cada um deles observa e considera apenas o universo físico, quando o universo real é o etéreo, não passando a matéria física de uma intrusão naquilo a que chamamos espaço, onde existe o verdadeiro Universo. O espaço é o universo real. Julgamo-lo vazio; mas, ao contrário, ele está cheio de vida e de progresso, é um mundo realmente objetivo para os seus habitantes.

Quando morremos e nos despojamos do corpo humano, é que vemos o Universo do ponto de vista da pessoa que figuramos a observar a igreja durante o dia.

O ser humano se compõe de corpo, alma e espírito (1). O corpo é o que vemos; a alma é a nossa mente;

---

(1) De acordo com Kardec, diríamos: perispírito. — **Nota da Editora Brasileira.**

o espírito, o nosso corpo etéreo, cópia exata do corpo físico e seu sustentáculo. A morte consiste em separar-se do corpo material o corpo etéreo, que leva consigo a mente ou alma. Desde então, deixamos de ver o Universo do ponto de vista material, para vê-lo somente do ponto de vista etéreo. O mundo material perde nesse caso todo valor, passando a tê-lo unicamente o mundo etéreo, que denominamos espaço, que é, porém, na realidade, matéria, sob mais rarefeita forma. Do que sabemos acerca da sua constituição, deduzimos que ele é permanente, enquanto que o universo material está de contínuo a sofrer mudanças e a decair. Nenhum vestígio de decadência se poderá descobrir no universo etéreo: tudo nele é constante e regular.

A mente do homem é alguma coisa de superetéreo, que ninguém, revestido de corpo físico, será capaz de explicar. Deve entretanto, ser superetérea, porque, após a morte, ainda funciona, guia e governa o corpo etéreo. Se não fosse superetérea, estaria sujeita a ser danificada ou destruída pelas entidades malfazejas do mundo etéreo. Essas entidades podem ver as imagens que ela forma, porém, não a podem tocar, nem lhe causar dano. Exceto vê-la em atividade, tudo mais lhes está fora do alcance.

O corpo etéreo é que mantém na Terra o corpo material, razão por que, provavelmente, tudo o que vive tem um corpo etéreo. A mente não muda por efeito da morte; apenas, passa a funcionar noutro meio. Daí resulta que só o caráter e a memória oferecem valor real e que a razão que temos para cuidar do aprimoramento do nosso caráter recebe forte impulso, com o sabermos que, assim como nos desenvolvemos aqui, teremos de desenvolver-nos depois que daqui sairmos.

A vida é coisa inteiramente à parte da matéria física. Pertence ao mundo etéreo. Por que ou quando entra em conjunção com aquela matéria, não o sabemos. Um momento, no entanto, há de ter havido, muito distante de nós, no passado, em que apareceu um organismo vivo. Foi então que a vida e o pensamento surgiram sob as mais minúsculas formas, das quais derivou o complicado sistema do corpo humano e de todas as coisas dotadas de vida. Também ignoramos em que época essa vida se tornou apta a constituir uma individualidade. Tudo o que sabemos é que, quanto importa aos seres humanos, a vida pode funcionar independente do corpo material.

O mundo material é transitório, efêmero, e a matéria, qual a vemos, é de mínima importância no Universo, se bem nos pareça, agora, de suma importância. Eterno é o que não vemos; temporário o que vemos.

O século dezenove aumentou muito mais o nosso conhecimento acerca do universo físico, do que todos os anteriores reunidos. Hoje, esse conhecimento se dilata tão rapidamente, que o cérebro se mostra incapaz de assimilar tudo e, às vezes, imaginamos haver atingido o limite extremo do que podemos aprender. Os cientistas do século dezenove apenas se ocuparam com a matéria física, o que fez chegássemos a supor que só ela existia. O conhecimento avança por etapas, cada uma das quais constitui a base da que se lhe segue. As bases da ciência física foram, sem dúvida, bem e acertadamente lançadas, de modo que a mesma lei e a mesma ordem existem, onde quer que exista a matéria física. Esta, até relativamente há pouco tempo, era considerada sólida e os indivíduos — como criam Haeckel, Huxley e a maioria dos cientistas do século passado —, produtos físicos, cujos pensamentos e ações se produziam de maneira puramente mecânica. Exatamente por não haver lugar para o que quer que fosse, com exceção do mundo físico, também nenhum lugar havia para coisa alguma, além do corpo físico. Tudo era matéria sólida, capaz de ser vista, ouvida, tocada e sujeita a certas leis conhecidas e imutáveis, que regiam o

Universo. Dentro da marcha lenta da evolução, foi indubitavelmente sábio que houvessem posto com tanto cuidado essa base para o nosso conhecimento; mas erramos, pensando que já alcançamos os últimos limites desse conhecimento e que nada mais existe, afora os nossos sentidos físicos.

A Religião e a Ciência, naquele tempo, eram pólos opostos, de sorte que a Igreja só podia manter nas suas fileiras aqueles cuja fé ultrapassava o conhecimento. Mesmo os credos teológicos, porém, se mostraram impotentes para conservar a maioria e um fatalismo cego invadiu a religião. A Igreja não sabia mais do que os cientistas, acerca do que há para lá da vida; o seu Céu estava, como reza o conhecidíssimo hino, "longe, muito longe", tão distante, com efeito, que os homens de mediana inteligência deixaram de lhe acreditar na existência, ou, se acreditavam, era através da nebulosa concepção de uma nova Jerusalém, pintada com cores fantásticas, para habitação dos que se salvavam, e da de um não menos nebuloso inferno, para degredo dos condenados. Nem a Ciência, nem a Religião sabiam que, próximo e ao redor deste nosso mundo, outro existe, de matéria mais delicada, em o qual imediatamente entram os que morrem, revestidos de um corpo etéreo, tão tangível e real, quanto o envoltório físico que traziam antes e que volta para a Terra de onde proviera. Unicamente a fé mantinha uma luz tênue e vacilante, inspirada pelo instinto infalível de que o mundo terreno não constitui a finalidade do homem, de que este foi criado para preencher um destino mais vasto alhures, no Grande Além. A fé, todavia, nenhum amparo recebeu da Ciência, que os crentes encaravam com receio e medo. Se a Ciência e a Religião exprimem ambas a verdade, meramente transitório há de ser o antagonismo entre elas existente, nascido da ignorância, de uma parte e doutra. Começa, entretanto, a raiar a alvorada e a primeira já nos está conduzindo para um novo dia. Vai tornando-se companheira da religião e vejo aproximar-se, rapidamente até, o tempo em que uma e outra caminharão de mãos dadas, tendo a guiá-las juntas as descobertas feitas por aqueles que hão consagrado suas vidas ao progresso dos conhecimentos adquiridos mediante a Pesquisa Psíquica.

É da natureza do homem avançar, penetrar cada vez mais no mistério do Universo, razão por que o cientista prosseguiu nas suas investigações e passo a passo descobriu que o limite estava, mais do que nunca, muito adiante da sua perquirição e que este mundo físico, por nós julgado tão sólido, não o é. Semelhante crença constitui um dos muitos desenganos que experimentamos na vida, todos os dias. O descortino do homem de ciência do século vinte difere imensamente do seu predecessor do século dezenove. Descobriu-se, primeiro, o átomo, depois o eléctron e, agora, estamos a inquirir de nós mesmos se chegamos ao fim, se o eléctron é o verdadeiro fundamento de todas as substâncias. Nos últimos vinte anos, o desconhecido se tem alargado e aprofundado; o astrônomo, de um lado, com o seu telescópio, avançou cada vez mais pelo espaço a dentro e, de outro lado, o microscópio há revelado novos mundos, que o olhar natural, desajudado, fora incapaz de descobrir. Os físicos decompuseram a matéria e hoje declaram que ela se compõe de várias cargas elétricas (1). Desapareceu a sua solidez, verificando-se que está sempre em rápida vibração. Reconheceu-se que a distância entre vários eléctrons constitutivos do átomo é relativamente tão grande quanto a que medeia entre os diversos planetas componentes do nosso sistema solar. Ultimamente, os que enveredaram pelo campo da nova ciência do Psiquismo têm pouco a pouco, mas com segurança, descoberto um mundo novo

---

(1) Posteriormente, como veremos em notas subseqüentes, assinalaram-se partículas sem carga. — **Nota de Z. W.**

ao nosso derredor, até hoje desconhecido, porém, verdadeiramente real. Esse mundo etéreo, que agora se vai tornando cada vez mais uma realidade, faz o objeto deste livro e é nele que, sempre mais e mais, hão de atentar os homens, à medida que se forem passando os anos. Esta nova ciência, atualmente a Cinderela de todas as ciências, terá, com o tempo, o seu lugar, como a primeira e a mais importante dentre elas. Estamos no limiar de uma era nova do pensamento.

A posição que a ciência psíquica já alcançou deve-a aos pioneiros do passado, que incessantemente trabalharam, procedendo a investigações nesse, até agora, ignorado campo do pensamento, sem se deixarem abater pelos motejos e desdéns dos seus contemporâneos, tão sólida e firme sabiam ser a base de seus labores. Durante a última metade do século passado, pouca atenção mereceram suas descobertas que, todavia, no século atual, progrediram tanto que o público incrédulo ou descrente se viu compelido, pelo grande acervo de fatos registrados, a modificar sua atitude anteriormente hostil e assim é que hoje se nos depara, sobretudo nas fileiras mais novas dos pensadores, muito mais simpatia para com o assunto em questão. A esses pioneiros todas as honras são devidas. Eles surgiram em todos os setores da coletividade humana, se bem tenham sido dos de maior mérito os que mais injúrias sofreram de parte da massa ignara. Entre os cientistas mais eminentes destes últimos tempos, William Crookes e Alfred Russel Wallace serão sempre lembrados, pela coragem e fortaleza de ânimo que demonstraram, proclamando uma nova, mas impopular verdade. As *Pesquisas sobre os Fenômenos Espíritas*, que o primeiro publicou em 1874, será sempre um monumento de probidade e coragem. Do rol dos outros homens de ciência que se não envergonharam de manifestar interesse pela pesquisa psíquica, destacarei Lord Rayleigh, Sir Archibald Geikie,

Sir J. J. Thomson, o Professor William James, de Harvard, e o Dr. Hyslop, que consagraram àquelas pesquisas larga parte dos seus derradeiros anos de vida, publicando suas descobertas em muitos volumes de extraordinário valor, devido ao modo cuidadoso por que os fatos se acham relatados neles. Na Europa, Lombroso e Flammarion, após anos de estudo, se declararam crentes não só nos fenômenos, como também na existência de um mundo espiritual e na sua comunicabilidade com o nosso. Richet, o fisiologista francês de fama mundial, na sua grande obra *Trinta Anos de Pesquisas Psíquicas*, aceitou os fenômenos, embora ainda opine com reservas sobre a maneira de os interpretar. Contudo, avançou bastante pela estrada que muitos pesquisadores abriram, quando, escrevendo, há poucos anos, em *Natureza*, acerca da ciência psíquica, se externou nestes termos: "A nossa inteligência é dotada de forças reveladoras de fatos que não puderam ser revelados nem pela visão, nem pela audição, nem pelo tato."

Esta relação de homens de ciência ficaria, entretanto, incompleta, se nos não referíssemos a dois dos maiores cientistas que se identificaram com o assunto, mais do que qualquer dos seus contemporâneos. Aludo a Sir Oliver Lodge e Sir William Barrett, que ambos tiveram a coragem de externar suas convicções, quando ainda a crença na realidade dos fenômenos psíquicos se considerava crime contra todos os dogmas da ciência ortodoxa. Bem me lembro do prazer que era, para Sir William Barrett, ler alguma coisa sobre as pesquisas psíquicas, perante um auditório de milhares de pessoas no "St. Andrew's Hall", em Glasgow, faz poucos anos. Tive a honra de presidir a uma dessas conferências e ele me disse, quando notou a enormidade da assistência, que, quarenta anos antes, daquele mesmo palco, falara aos membros da Associação Britânica, sobre a importância das investigações acerca do então mal conhecido problema da telepatia, sem que, no entanto, merecessem apoio as suas palavras. O tempo, porém, como ele acertadamente mo disse, produzira, no caso, mudança tão completa, que não só ali estava, no momento, um auditório simpático e a seu lado se encontravam muitos professores da Universidade, mas, também, a explanação a ser feita abrangia todos os fenômenos que, havia quarenta anos, os espiritistas consideravam verdadeiros e dos quais então escarnecia a Associação Britânica. Sir William foi um dos fundadores da Sociedade de Pesquisas Psíquicas e por ela se interessou até ao derradeiro momento, tanto que, no dia mesmo em que morreu, esteve presente a uma de suas reuniões. Era ativo e seu cérebro se conservou lúcido até ao fim. A cada ano que se escoava, mais se fortaleciam suas convicções, admiravelmente expressas no livro bastante conhecido, de sua autoria, *No Limiar do Invisível*. Sir Oliver Lodge, felizmente, ainda está entre nós (1) e não perde oportunidade de proclamar suas crenças. Deve sentir-se agora satisfeito, tendo curvado diante de si o mundo intelectual, a referendar os resultados de seus muitos anos de pesquisas. Tenho-o, contudo, por demais modesto para gozar de semelhante satisfação, embora fosse profundamente humano reconhecesse, como o reconheceu Barrett, que a ampulheta do tempo é responsável por grande número de mudanças, sobretudo no mundo das idéias.

Noutros campos da vida, deve ser lembrado W. E. Gladstone, que prestou seu grande nome para sustentáculo da Sociedade de Pesquisas Psíquicas, da qual, muitos anos antes de morrer, se tornara membro honorário; o Conde de Balfour, outro eminente homem de Estado, foi, em 1893, presidente da mesma Sociedade. O Bispo Boyd Carpenter, o Arcediago Colley, Sir E. Mar-

---

(1) Oliver Lodge desencarnou no mesmo ano que J. J. Thomson, isto é, em 1940. — **Nota da Editora Brasileira.**

shall Hall, Lord Tennyson, W. T. Stead, os pintores Watts e Leighton, Ruskin, R. L. Stevenson e Andrew Lang, de outras profissões, também não devem ser olvidados. Porém, o mais destacado de todos, dentre os homens de ciência, foi sem dúvida Sir Arthur Conan Doyle, o que, talvez, mais do que qualquer outro, fez por interessar o público nas descobertas resultantes das Pesquisas Psíquicas. Cumpre mencionemos ainda Sidgwick, Myers e Gurney, cujo desinteressado arrojo e probidade muito contribuíram para interessar nas questões psíquicas a parte mais intelectual do público. Os estudos filosóficos do professor Henrique Bergson, presidente daquela Sociedade em 1913, sofreram, é indubitável, a influência do conhecimento que ele adquiriu da matéria de que falamos. Por último, citaremos o Dr. Crawford que, mais do que ninguém, concorreu para colocar sobre base científica os fenômenos observados e para pô-los em relação com os fatos já conhecidos no campo científico.

A pesquisa psíquica se divide em vários ramos: um, por exemplo, é o que trata da telecinesia, ou movimento de objetos sem contacto físico; outro se ocupa com os fenômenos mentais, como o transe, a clarividência, a clariaudiência e a telepatia, enquanto que outro tem por objeto o estudo do que se chama — "voz direta ou independente". Foi a este ramo do conhecimento psíquico que consagrei grande parte do meu tempo e das minhas cogitações, nos últimos doze anos; outros, porém, há que lhe dedicaram ao estudo a maior parte de suas vidas e de cujas experiências tive a vantagem de poder afastar-me muito. O vice-almirante Usborne Moore dedicou quase completamente os seus últimos anos de vida ao estudo da "voz direta", conforme se produzia com o concurso da famosa médium a Sra. Wriedt, e os cuidadosos relatos por ele escritos se encontram no importante livro que publicou sobre o assunto, intitulado — *As vozes*. A posição de destaque que ocupava na Armada, assim como o apuro e a exatidão com que procedia em tudo, fizeram-no especialmente apto a esse gênero de pesquisas, do mesmo modo que a sua capacidade o fizera escrupulosamente meticuloso em tudo quanto empreendia. Eduardo C. Randall, de Búfalo, Estados Unidos, a quem visitei em sua casa, quando há anos estive na América, foi, não obstante, o mais feliz de todos os investigadores deste importante assunto, pois que, por mais de vinte anos, realizou experiências com a mais notável médium de voz direta que o mundo já conheceu, a Sra. Emily S. French, que esteve todos esses anos sob atenta observação sua, residindo, a maior parte do tempo, na sua própria casa, em Búfalo. As investigações se efetuavam muitas vezes todas as semanas e o Sr. Randall, a princípio abertamente céptico e descrente, se tornou, em virtude das provas que reuniu, um convencido, como a tantos outros, antes e depois dele, há sucedido, não só da genuinidade dos fenômenos, como também de que as vozes eram produzidas por muitos dos que já tinham vivido na Terra. Em mais de setecentas noites, disse-me ele, num período de vinte e dois anos, na sua própria casa e em condições científicas, conversou horas a fio com aqueles que o mundo considera mortos.

O Sr. Randall não é homem que se convença facilmente, ou que se deixe enganar com ardis quaisquer. É um dos advogados mais eminentes dos Estados Unidos e, além disso, era, quando com ele estive, presidente de várias empresas industriais importantes, uma das quais, a American Super-Power Company, que supre Nova York de força e luz elétricas. Esse causídico, acostumado a buscar provas e apontar fraudes, publicou o resultado de suas investigações em diversos livros, dos quais o mais importante se intitula *The Dead Have Never Died* (*Os mortos nunca morreram*).

Aqueles que se interessem pela parte religiosa e filosófica da matéria em apreço, encontrá-la-ão bem explanada na obra *Kathleen*, do meu velho amigo Rev. John Lamond, biógrafo de Sir Arthur Conan Doyle, que desde 1878 baseou suas prédicas na ampla experiência que adquirira dos fenômenos psíquicos e é, dentro do clero, um dos que mais se têm esforçado para pôr a religião ortodoxa de acordo com a nova ciência.

Human Personality and its survival of bodily death (*A personalidade humana e sua sobrevivência à morte do corpo*), de F. W. H. Myers, em dois volumes, com um total de 700 páginas, mas agora publicada em resumo, foi o despontar da grande vida de um estudioso da pesquisa psíquica, sendo essa a capital obra científica do começo deste século. Depois da sua publicação, largo progresso, é certo, fez o conhecimento das leis que regem os fenômenos psíquicos; porém, o registro cuidadoso que ali se encontra dos casos observados em todos os vários ramos da ciência, constituirá, por longo tempo ainda, um monumento de labor e de minudentes investigações.

Venho de apresentar uma relação sumária dos vultos mais notáveis que já se interessaram pela grande questão da sobrevivência; muitos outros, no entanto, há que têm trabalhado bastante para levar cada vez mais longe o nosso conhecimento sobre o assunto. Hão sido pioneiros que ultrapassaram as fronteiras dessa região recém-descoberta e trouxeram para os seus companheiros que viajam rumo a ela, onde todos mais cedo ou mais tarde chegarão, alguns fatos concernentes ao destino que os aguarda. Os relatos que fizeram os primeiros investigadores foram recebidos com escárnio e ridiculizados; eles, porém, destemerosos, insistiram sobre a veracidade de suas narrativas. Outros, então, saíram à procura daquela região e voltaram com as mesmas notícias. Anos e anos assim se passaram, até que, afinal, a descrença se foi gradualmente quebrantando e as multidões pediram mais e mais informações ao crescente bando de exploradores que se aventuraram a ir até lá.

Um dos últimos e mais distintos, que a maior distância chegou à frente dos seus contemporâneos e tem tido a coragem de proclamar suas descobertas, é o Doutor R. J. Tillyard, entomologista-chefe da República da Austrália. Ele se convenceu, há poucos anos, da realidade dos fenômenos psíquicos, em conseqüência de certas investigações a que procedeu nesse país e na América e sem demora anunciou aos cientistas, seus colegas, que suas descobertas lhe haviam feito mudar completamente de idéia sobre a vida e o mundo, em geral, e que o mais depressa possível a ciência oficial deveria encetar sérias investigações dos fenômenos psíquicos, a bem de si mesma e do mundo inteiro. Que esse seu pronunciamento produziu considerável impressão entre os da velha escola materialista evidente se tornou, tanto assim que, às vésperas da sua partida para Austrália, teve a satisfação de ouvir do Sr. Richard Gregory, editor de *Nature* (*Natureza*), palavras de grande animação. Isso ocorreu numa recepção íntima que em sua honra deu o "National Laboratory for Psychical Research", habilmente dirigido pelo meu amigo Sr. Harry Price, recepção em que tive o prazer de tomar parte.

O Sr. Richard, no curso de algumas referências altamente elogiosas ao Dr. Tillyard, disse haver este acendido uma lâmpada, que ainda se não apagara. Refiro este incidente, para acentuar de novo que os pioneiros fizeram bem a sua obra, que a ciência e a religião oficiais, em cujos domínios ainda impera o culto do passado, se estão movendo pouco a pouco, mas com segurança, na direção em que os impele o conhecimento do psiquismo e que não vem longe o dia em que os negadores dos fenômenos psíquicos serão tidos por néscios e ignorantes.

O Dr. Crandon, de Boston, Estados Unidos, presenteou-me recentemente com os resultados de uma sessão realizada naquela cidade e à qual apenas assistiu o Doutor Tillyard, tendo como médium a esposa do mesmo Dr. Crandon, conhecida de todos os que estudam o psiquismo pelo nome de "Margery". Não disponho de espaço para descrever a fundo as precauções tomadas com o fim de evitar fraudes, nem os resultados obtidos; mas, enfaticamente se pode afirmar ter sido feito, quanto era possível fazer-se, para evitar que a médium se tornasse responsável pelo que quer que ocorresse. Margery e o Dr. Tillyard foram metidos numa sala às escuras, e, antes que se apagasse a luz e se fechasse a porta, a médium foi fortemente ligada à cadeira em que se sentara, por meio de ataduras adesivas, marcadas nas extremidades a lápis azul, marcas que continuavam pela sua pele. Se ela se movesse, verificar-se-ia depois, visto que as marcas azuis estariam fora dos lugares. Ao fim da sessão, porém, reconheceu-se que aquelas se achavam exatamente nas mesmas posições em que tinham sido postas. Impossível, portanto, veio a ser, materialmente, responsabilizar a médium pelo que se produzira.

Durante a sessão, obtiveram-se, primeiro, sobre diversos pedaços de cera mole, impressões de todos os dedos de uma mão, impressões que em nada se assemelhavam às das duas únicas pessoas presentes, e, no fim, uma voz independente, que dizia ser o irmão da médium, entabulou animada conversação com o Dr. Tillyard. Que a voz era independente e não provinha da médium, bem como que não era a desta, ficou provado pelo fato de que, enquanto a aludida voz falava, a "Voice Cut Out Machine" (Silenciador) estava ligada à boca da médium. Esse aparelho foi inventado para tornar impossível ao médium falar, quando ele está sendo utilizado. Assim, desde que seja empregado, se alguma voz se faz ouvir, não pode ser a do médium.

Os comentários do Dr. Tillyard sobre essa sessão íntima, que se realizou a 10 de agosto de 1928, encontram-se numa carta que ele escreveu, em data de 11 daquele mesmo mês, a Sir Oliver Lodge e cujos tópicos mais importantes são os seguintes:

"Parece-me inteiramente impossível descobrir uma só "falha que seja no que se produziu... O meu objetivo, "porém, é registrar cientificamente que os fatos se deram, "que eles fazem parte dos fenômenos da Natureza e que "a Ciência, fonte da Verdade e do Conhecimento, só poderá "conservar-se alheada deles com perigo mortal para a sua "existência futura de força condutora do mundo. Para "mim, esta sessão foi o ponto culminante de todas as "minhas pesquisas psíquicas. Posso agora dizer, se quiser, "*Nunc dimittis*, e prosseguir nos meus genuínos trabalhos "de entomologia... Peço apenas se digne de acolher, e "bem assim toda a sua família, a minha narrativa como "absolutamente verídica, pois me conhecem qual sou..."

Para o Dr. Crandon e sua esposa, este relevante testemunho, prestado por uma pessoa que ainda há poucos anos era completamente incrédula, deve importar numa grande recompensa, porquanto, como todos os pioneiros, ambos sofreram as zombarias dos ignorantes. Ele, contudo, arriscou intrepidamente a sua alta reputação, certo de que a verdade por fim triunfará e que seguir a verdade, aonde quer que ela conduza, é o único proceder digno de um homem honesto. O que se deu na presença do Doutor Tillyard tem ocorrido na de centenas de personalidades que, obtendo resultados idênticos, hão feito experiências com essa senhora, de sorte que a sua é apenas típica de muitas outras efetuadas com as mesmas precauções e zelo científico.

Atualmente, já se podem discutir os fenômenos psíquicos à mesa do jantar, no clube, ou num trem de ferro, e aquele que sobre isso discorrer não mais sentirá seus amigos lhe deitarem olhares de sincera compaixão, como se se tratasse de alguém que, sensato em tudo o mais, se revela desequilibrado nesse assunto. Creio, por isso, merecerá o que vou relatar mais consideração do que a dispensada aos escritos de alguns que me precederam. As provas, provas cumulativas e mais provas ainda acabarão um dia por persuadir. Com essa arma ofensiva, as muralhas da ignorância e do antagonismo estão sendo postas abaixo e não há instrumento mais forte e eficaz para lhes completar a destruição, do que a prova da sobrevivência, obtida por meio da voz direta ou independente. Ambos estes qualificativos se usam para designar o fenômeno, o da produção de uma voz e a fala de uma inteligência, inteiramente distinta da de qualquer criatura carnal. A voz direta é o mais extraordinário fenômeno psíquico até hoje conhecido, o mais convincente e admirável. Todas as outras descobertas feitas pelo homem se tornam insignificantes, quando comparadas a essa, que é a de um método direto de comunicação entre nós e os trespassados, não por meio de ruídos e pancadas, porém, pela mais íntima de todas as formas de comunicação: a voz humana. Algumas modalidades dos fenômenos espiríticos podem ser simuladas por um médium fraudulento; a voz direta, não.

Muitas vezes, eu e outros comigo ouvimos duas e, não raro, três vozes distintas, de tons diferentes e de personalidades diversas, falando simultaneamente aos circunstantes, sobre questões várias, conhecidas tão só daqueles a quem a voz se dirigia, enquanto que o médium ou conversava de algum outro assunto com a pessoa que lhe estava próxima, ou tinha o meu ouvido colado à sua boca, de cujos lábios nenhum som escapava. Dos casos que exporei evidenciar-se-á que a telepatia, a criptestesia e outras teorias, com que alguns pretendem explicar os fenômenos psíquicos, não podem ser levadas em conta.

Uma clara saída se abre ao investigador e de ninguém sei que, tendo tido ensejo de experimentar a voz direta, seja capaz de chegar a outra conclusão, que não a de que as vozes procedem dos que já viveram aqui na Terra e que, havendo passado pelo fenômeno da morte, voltam para nos certificarem de que, na realidade, não há morte, mas, ao contrário, uma vida, para lá do túmulo, cheia de constantes desenvolvimentos e progressos, num mundo etéreo que interpenetra o nosso mundo terreno.

Concluindo esta introdução, quero ainda dizer, com todo o vigor de uma convicção profunda, que *há* continuidade de vida, que nada se perde, sem excetuar a vida. A comunicação entre os que agora vivem revestidos de corpos feitos de matéria física e os que já se despojaram de corpos dessa natureza não só é possível, como também se verifica em condições apropriadas. Os resultados que obtive consegui-os aplicando essas condições, que possibilitam ao desencarnado falar novamente com o encarnado. Em muitas ocasiões, foi-me concedida a satisfação de conversar e discutir com os que já se encontram no plano mais vasto da vida, ou de ouvi-los falar com os que se me achavam ao lado. Escutei centenas de vozes e centenas da fatos nos vieram provar, a eles e a mim, que os que falavam eram com efeito as entidades que se declaravam presentes. Dessas conversações muito aprendi, não só acerca da continuação da vida, como também sobre as condições desta no mundo etéreo que nos envolve e sobre os métodos que empregam os que lá vivem, para se comunicarem conosco. Muito do que me foi dito não pude apreender, nem compreender e, mesmo depois de meditar sobre a questão durante doze anos, mais do que nunca lhe sinto a profundeza.

Antes, porém, de reproduzir aqui algumas dessas conversações, permita o leitor que eu o conduza passo a passo, pois que, para se ficar senhor do assunto, preciso é que só se mude o pé para o degrau seguinte, depois de o ter firmado bem no em que se está. O primeiro passo consiste em saber o que seja essa qualquer coisa ainda mal compreendida, embora imensamente importante, a que a Ciência dá o nome de Éter e que se supõe encher o espaço todo e ser o veículo da luz (1), bem como dos sons que partem dos nossos transmissores sem fio. Enquanto não compreendermos um pouco essa coisa invisível, se bem realíssima, e quão limitadas são as nossas percepções pelos sentidos normais, inútil será procuremos adquirir clara compreensão dos fenômenos que se produzem numa sessão de psiquismo.

Assim sendo, o meu primeiro capítulo neste volume deve considerar-se uma introdução mais completa do assunto em discussão.

---

(1) Ver Nota, pág. 51.

CAPÍTULO II

O UNIVERSO DE ÉTER

"As vastas regiões interplanetárias e interestelares não mais serão consideradas vastidões desertas do Universo...

Já as reconhecemos cheias deste admirável meio, tão cheias, que nenhum poder humano será capaz de removê-lo da mais insignificante porção do espaço, ou produzir a mais ligeira secção na sua infinita continuidade."

Clerk Maxwell

"A realidade é que todos anseiam por saber algo a respeito. Ninguém quer estar iludido; todos reclamam uma informação digna de fé, se for possível, acerca dos mundos material e espiritual, que parecem constituir o Universo. O Éter do Espaço é o elo conector. No mundo material, ele é a realidade fundamental, substancial. No mundo espiritual, as realidades da existência são outras e muito mais elevadas; porém, quanto ao modo por que atua o Éter, mal podemos presentemente suspeitar."

Lodge

Vivemos, movemo-nos e somos neste mundo físico, todo ele composto de substâncias que vibram dentro de certos limites e a que damos o nome de "matéria". Achamo-nos circunscritos por ela e a tomamos como se fora tudo em todas as coisas. Todavia, quão diversa ela é, realmente, do que parece! De século em século modificam-se as idéias sobre as coisas físicas que nos cercam.

Cada geração imagina haver adquirido o conhecimento total e, no entanto, a história é precisamente o registro do desenvolvimento da mentalidade humana, com relação ao que a circunda. Em tempo algum se poderá dizer que o conhecimento humano chegou ao máximo. A toda descoberta, outra se segue e, a cada uma, se supõe que o Universo nenhum segredo mais guarda para ser desvendado pelo homem; que a pesquisa humana atingiu o limite extremo. Surge, então, alguma idéia nova, baseada no último conhecimento adquirido. Apresenta-se, a princípio, timidamente, para ser, logo após, escarnecida, depois considerada e, por fim, aceita.

Assim é que a vida se tem desenvolvido mentalmente, desde as épocas mais distantes, até os nossos dias. Em cada fase, a mente se habilita a aprender uma porção mais ampla do que a rodeia. Para a vida, em seu início, o oceano, com que estava em contato, e no qual ela flutuava, era o seu universo, o seu tudo. Isso constituía o que a mente da vida paleozóica podia alcançar. A passos lentos e variáveis, a vida e a mente se desenvolveram, indo do período do peixe ao do réptil e assim por diante, até chegar ao ser a que chamamos homem. Este, pelo desenvolvimento da sua mente, bem como pelo dos seus músculos, se tornou, com o tempo, o poder dominante na Terra. Semelhante desenvolvimento se processou demorada e penosamente; lembrados são as suas falhas e desvios; o conhecimento, adquirido por seu intermédio, não foi olvidado e assim é que hoje nos achamos desenvolvidos, mental, física e moralmente, num grau mais alto do que todos os anteriormente atingidos.

Mas, que assinala de fato, na atualidade, o nosso desenvolvimento mental? É fora de dúvida que encontramos meios de governar a matéria física em grau muito maior do que jamais nos foi possível no passado; porém, apresenta-se esta questão: o governo da matéria física será o objetivo da humanidade? Compreendemos agora suas leis e funções; mas, estará aí a finalidade do esforço humano? Quando pensamos ser essa a verdade, eis que surge uma nova descoberta. Cabe-nos dizer que, assim como os nossos antepassados, fortes na Astronomia, tiveram que refundir suas maneiras de ver no assunto, também temos que refazer as nossas idéias, relativamente a essa matéria física, a cujo respeito supomos saber e entender muito. A matéria que consideramos sólida não o é absolutamente; o que vemos, quando olhamos para uma mesa, ou uma cadeira, por exemplo, são as vibrações de um certo número de eléctrons, a girar com imensa rapidez em torno de um centro chamado núcleo. Ela é constituída de átomos, que a seu turno se compõem de eléctrons e prótons (1). Conforme o número de eléctrons que existam num átomo, tal a substância; o peso, porém, está condicionado ao número dos prótons. O número de eléctrons planetários, em qualquer elemento, é dado pelo seu número atômico, mas, em adição a esses, há os eléctrons fixados no núcleo (2), equivalentes ao suplemento do respectivo peso atômico e sujeitos a variar em diversos isótopos (3). O número atômico do ferro é 26, ao passo que o seu peso atômico é um número inteiro que anda por perto de 56. Conseguintemente, no ferro, há sempre 26 eléctrons planetários aos quais se acham adicionados 30, no ferro normal, se bem nalguns isótopos possa haver

---

(1) Veja Nota 3, pág. 47.

(2) Com a descoberta dos nêutrons, em 1932, a concepção protono-electrônica dos núcleos foi substituída pela nova concepção protono-neutrônica, mais esclarecedora, e que renovou toda a teoria do núcleo. — **Nota de Z. W., para a 2ª edição brasileira.**

(3) De acordo com a nova estrutura nuclear, esse suplemento de que fala o autor, isto é, o resultado da diferença entre o peso atômico, ou, melhor, o número de massa e o número atômico, constitui não a quantidade de pseudo-eléctrons nucleares, mas, sim, o número de nêutrons. Conseqüentemente, os chamados elementos isótopos possuem a mesma carga elétrica, diferindo somente no número de nêutrons. — **Nota de Z. W.**

31 e noutros 29 (1). Portanto, quando olhamos ou pegamos alguma coisa composta dos mencionados elementos, percebemos uma coisa a que damos o nome de ferro, ou, para falar corretamente, quando a nossa visão é afetada pelas vibrações do éter que esses eléctrons determinam, temos a sensação do ferro. O nosso tato é, semelhantemente, afetado pelas vibrações que os mesmos eléctrons produzem e nos causam o efeito de quente e frio; o número dos prótons nos dá a sensação de peso (2). Sir Oliver Lodge, em *O Éter e a Realidade*, diz:

"Podemos agora fazer um breve sumário do que sa-
"bemos. As duas partículas opostamente carregadas, uma
"positiva, negativa a outra, se denominam, respectiva-
"mente, eléctron e próton. Ambas são extremamente di-
"minutas, tendo-se-lhes já medido o tamanho em certo
"sentido. São muito menores que os átomos, incompara-
"velmente menores; são as menores coisas que se conhe-
"cem; mesmo que houvesse uma centena ou um milhar
"delas no átomo, não estariam amontoadas; ainda seria
"enorme o espaço vazio. Já se sabe que os diversos átomos
"se compõem de números diferentes de eléctrons e que
"por essa diferença de números é que eles se grupam e
"formam os vários elementos químicos. Os átomos de
"todos estes elementos são constituídos de eléctrons e
"prótons e de nada mais..." (3)

---

(1) Este último, com 29 nêutrons, radioativo e, portanto, instável, tem uma vida média de 4 anos. Acreditamos, porém, que o autor quis referir-se ao isótopo estável de 28 nêutrons, porquanto em 1931, aquele era desconhecido. Até o momento, são citados, além desses isótopos, mais dois instáveis e um estável. **Nota de Z. W.**

(2) Ver Nota 1, pág. 49.

(3) Os **nêutrons**, de que já tratamos em nota anterior, partículas de massa ligeiramente superior à dos prótons e desprovidos de carga, juntamente com os prótons e os eléctrons são atualmente considerados como os componentes fundamentais do

"Deste ponto de vista, a existência de um eléctron "pode ser claramente compreendida. E a de um próton "também o poderá ser? Não; aí topamos com uma di- "ficuldade. O próton é mais maciço do que se pode reputar "e, porque o é, mal o podemos conjeturar, ou, pelo menos, "conjeturar de modo verdadeiramente satisfatório. Isso "constitui, por enquanto, um forte embaraço; é uma ques- "tão que, todavia, tem sido decididamente encarada. Se- "gundo uma das hipóteses formuladas, o eléctron é oco, "qual uma empola, e tem um campo elétrico que por si "mesmo ocasionaria a dilatação da empola, mas que se "mantém em equilíbrio e com certo tamanho pela pressão "etérea. Assim considerado, nenhuma substância existe "no seu interior; em si mesmo, pois, semelhante eléctron "não é, absolutamente, maciço, sendo a sua massa apa-

---

átomo. Mais recentemente, o próton e o nêutron aparecem aos físicos como dois estados diferentes de uma mesma partícula que se denominou "núcleon", sendo um dos estados caracterizado pela carga elétrica e o outro, pela sua ausência.

Outras partículas elementares têm sido estudadas, a começar de 1932, a saber: **pósitrons** ou eléctrons positivos, inicialmente preditos por Dirac, em considerações puramente matemáticas, encontrados nos raios cósmicos e emitidos também por núcleos radioativos artificiais, instáveis na presença da matéria ordinária com a produção de radiação; **neutrinos**, cuja massa se supõe menor que a do eléctron; **prótons negativos**, que seriam os correspondentes negativos dos prótons; mésotrons ou **mésons**, partículas de massas maiores que a do eléctron, carregadas positiva ou negativamente e integram o chamado componente penetrante dos raios cósmicos. Nestes, um grupo de investigadores, entre os quais o físico brasileiro César Lattes, descobriu mésons mais pesados que os anteriormente assinalados e que foram, em 1948, produzidos artificialmente, em laboratório, sob a orientação desse físico e de outros. Acredita-se, no momento, que os mésons desempenham o papel de forças de interação entre o próton e o nêutron; **neutretos** ou mésons neutros, que seriam uma espécie de "fótons pesados", de massa intermediária entre o nêutron e o neutrino, e explicariam as interações entre próton-próton e nêutron-nêutron.

Os neutrinos e os neutretos ainda não foram comprovados experimentalmente, mas há fortes razões teóricas que se inclinam em favor de sua existência. Quanto ao próton negativo, sua existência é mais problemática. — **Nota de Z. W.**

"rente devida apenas ao campo elétrico que ele contém. "O interior de um próton, ao contrário, em vez de oco, "deve ser completamente cheio de um éter extra, achan-"do-se ele saturado da parte toda de éter que sobrou do "eléctron e isto explica o seu volume, ou o que podemos "chamar o seu peso. Um próton é mil e muitas vezes, "cerca de 1.840, mais pesado que um eléctron, por medida "direta, e o que se chama "peso atômico", ou o peso de "um átomo, resulta, quase inteiramente, do peso dos "prótons que ele encerra (1). O átomo do Hidrogênio "contém apenas um, o do Hélio quatro, o do Lítio sete, "o do Oxigênio dezesseis e assim por diante, segundo a "lista de pesos atômicos que os químicos de há muito co-"nhecem empiricamente e na qual o mais pesado é o Urâ-"nio, com 238 prótons (2). Os pesos atômicos são bastante "exatos, por isso que o número de prótons num átomo "específico é facilmente verificável. O que se não sabe é "por que o próton tem tal peso, nem por que é muito "menor o peso de um eléctron. A todos os outros respeitos, "as duas cargas parecem iguais e contrárias: eletricamen-"te, são iguais e opostas...

"Estamos aptos a dizer que o peso da matéria de-"pende dos prótons, unidades positivas, que formam o

---

(1) A massa atômica (melhor que peso atômico) decorre, de acordo com o que agora sabemos, quase inteiramente das massas dos prótons e dos nêutrons que o núcleo encerra. O número atômico constitui o número de prótons no núcleo, que aliás é igual ao número de eléctrons no átomo no estado normal.

Dessa forma, o hidrogênio contém um próton, que é, em suma, o seu núcleo; o hélio, 2 prótons e 2 nêutrons; o lítio, 3 prótons e 4 nêutrons; o oxigênio, 8 prótons e 8 nêutrons; e o urânio, 92 prótons e 146 nêutrons. Aqui não levamos em conta os isótopos desses elementos. — **Nota de Z. W.**

(2) São conhecidos, hoje, elementos transuranianos, isto é, localizados acima do Urânio, a saber: Neptunium (Np), Plutonium (Pu), Ameritium (Am) e Curium (Cm), respectivamente de números atômicos — 93, 94, 95 e 96, todos produzidos em laboratório. — **Nota de Z. W.**

"núcleo do átomo, ao passo que as propriedades químicas "deste dependem dos eléctrons que giram em torno do "núcleo. Esses eléctrons planetários são ativos e energé- "ticos e produzem notáveis resultados: caracterizam o "átomo pelo seu espectro, conferem-lhe propriedades quí- "micas, porém de modo nenhum contribuem para lhe au- "mentar o peso. É um curioso estado de coisas; entretanto, "a prova da sua realidade, até agora, satisfaz."

A matéria física é, realmente, uma como rede de largas malhas constituídas de eléctrons e prótons, sendo imensa a distância que entre eles medeia, num átomo individual, em relação à grandeza de uns e outros. Se considerarmos o núcleo como ocupando, num átomo, a mesma posição em que se acha o Sol no nosso sistema planetário, a relativa distância a que os eléctrons estão uns dos outros e dos prótons pode ser tida por equivalente à em que se encontram uns dos outros e do Sol os planetas. Se considerarmos um átomo como alguma coisa do tamanho de uma igreja de aldeia, uma cabeça de alfinete representará o tamanho relativo de um dos eléctrons de que ele se compõe. Nos átomos, pois, os eléctrons e os prótons estão assim grandemente separados, a moverem-se com enorme velocidade, mas ligados por esse invisível éter, que ocupa a maior parte do espaço dentro do átomo. A matéria, portanto, é construída de diminutas cargas elétricas, positivas e negativas, movendo-se não fortuitamente, mas de maneira livre e ordenada, conjugadas, todavia, pelo éter invisível, que agora se julga ser a substância básica do Universo.

E que sabemos desse éter invisível? Imaginamo-lo a encher todo o espaço, embora lhe não possamos compreender a extensão, visto que não podemos apreender a vastidão do espaço. Sabemos, no entanto, que as ondas do éter podem propagar-se através do espaço, à razão de 186.000 milhas por segundo, ondulações essas, ou vagas, que nos dão o que denominamos luz (1). Em certas circunstâncias, a energia vibratória dessas vagas de éter podem transformar-se em equivalentes energias de calor e eletricidade. Conquanto não nos seja possível ver o éter, inferimos que tal substância existe, porque calor, luz e eletricidade atravessam o espaço com velocidades determinadas, devendo, conseguintemente, haver um "meio"

---

(1) Com o tempo, a noção de éter tornou-se mais e mais factícia e cada vez menos concreta. Os físicos atuais renunciaram à idéia de um meio que serve de apoio a ondas luminosas, e concluíram que, se as agitações mecânicas e o som têm necessidade de um suporte material, de um meio vibrátil que os transmita, a luz (esse termo abrange, neste ponto, também as radiações em geral, mais especialmente os raios X e os raios gama) pode propagar-se sem nenhum apoio, e isto malgrado o aspecto ondulatório com que ela se apresenta.

Prepondera atualmente a natureza dualística da luz, em que esta é emitida em **quanta** (corpúsculos) de energia radiante ou **fótons**, de carga e massa nulas, associados a um fenômeno ondulatório intrínseco.

Essa dualidade foi estendida a todas as partículas da matéria, em particular aos eléctrons. De acordo com a Mecânica ondulatória, o corpúsculo não é senão uma unidade física suscetível de produzir fenômenos que tenham, seja o aspecto granular, seja o aspecto ondulatório, ou os dois aspectos de uma só vez.

A partir de 1933, provou-se experimentalmente que o impacto de fótons de raios gama ultracurtos sobre núcleos atômicos pesados pode dar nascimento a um par de eléctrons de sinal contrário, em que a energia fotônica se transforma em energia cinética desses eléctrons e na massa deles. Houve, destarte, a conversão da energia da luz em matéria. Por outro lado, 2 eléctrons de sinal contrário podem aniquilar-se mutuamente, na presença da matéria, resultando da desmaterialização desse par de partículas a emissão de fótons de radiação, de sorte que a energia dos 2 eléctrons se encontra sob a forma de energia radiante, isto é, houve passagem dela da forma matéria à forma luz.

Na Física atual, desses fatos se chegou à conclusão de que luz e matéria não são senão aspectos diversos da energia, energia esta que pode tomar sucessivamente uma ou outra dessas duas aparências. Ampliando o sentido da palavra matéria a todas as formas da energia, L. de Broglie anuncia então que a "luz é, em suma, a forma mais sutil da matéria". Numa palavra, a luz é suscetível de condensar-se em matéria, e esta suscetível de eterizar-se em luz.

Embora abandonando a existência de um éter elástico que procurava explicar os fenômenos luminosos, podemos, entretanto, em que ondulem ou se propaguem por ondas. Concluem daí os físicos que o éter é uma hipótese que se impõe, um postulado lógico.

Nunca o éter há sido visto, nem pesado, como substância que realmente exista; mas, algumas conclusões preciosas já foram formuladas com relação ao seu caráter e propriedades. Ele enche o espaço todo, é quinhentas vezes mais frio do que a temperatura da Terra, tem inércia e *momentum*, exerce enorme pressão, provavelmente de alguns milhões de toneladas por pé quadrado, é milhões de vezes mais denso do que a água e ainda mais elástico do que esta e dotado de perpétuo movimento. Essa admirável substância, que não podemos ver, nem ouvir, nem cheirar, nem tocar, lançada em vibrações, conduz pelo espaço a energia que se nos torna perceptível como luz, calor, eletricidade. Só muito recentemente se descobriu como lhe transformar as ondas em palavras e notas de música. Jamais se conserva em repouso a substância ondulatória de que tratamos; está sempre em movimento. Embora nunca a tenhamos visto, nem tocado, se ela não existisse, seríamos cegos e frios, porque faltaria um "meio" em que se propagassem as ondas que nos chegam em vibrações aos olhos e à epiderme.

Tão prodigiosa substância é o meio entre as coisas materiais e os nossos sentidos; mas, presentemente, tem-se

---

conceber um outro éter — fluido divino — que enche os espaços do Universo, vivificando sempre, ligando, como diz Findlay, o mundo da matéria ao do espírito.

O autor freqüentes vezes emprega os termos éter, etéreo, no sentido de não material (aplicada esta palavra na sua acepção comum), fluídico, impalpável, sutil.

Tenhamos sempre em mente que todas as teorias evolucionam e se aperfeiçoam. Em verdade, tudo é mutável no tempo e no espaço, e não é demais relembrar — reproduzindo palavras do atual Presidente da Academia Brasileira de Ciências, Almirante Álvaro Alberto — que a Ciência apenas começa a levantar a ponta do véu que encobre os muitos mistérios da Criação. — **Nota de Z. W.**

a matéria como sendo o próprio éter em certos estados de vibração. Nos átomos, os eléctrons são partículas de eletricidade negativa e os prótons são sem dúvida de natureza elétrica. São etéreos ambos, sendo a matéria, apenas, o mesmo éter numa condição particular. Potencialmente, todo éter é matéria e toda matéria é éter. A matéria física que nos afeta os sentidos nada mais vem a ser do que uma parcela do éter a vibrar dentro de certos limites. Neste livro, estabeleço diferença entre as duas substâncias: de um lado, a matéria física, que podemos sentir; de outro, a substância etérea, que escapa à percepção dos nossos sentidos. Porém, não obstante ela escapar à percepção dos nossos sentidos, não está fora da nossa capacidade compreendê-la, pelo menos até certo ponto. De fato, a nossa capacidade de compreensão cresceu tanto, estes últimos anos, que toda a tendência da ciência física, hoje, é para considerar como base da estrutura do Universo, não a substância física, mas essa substância etérea.

O éter do espaço pode agora ser tido como um grande elo a ligar o mundo da matéria ao do espírito; é a substância comum a ambos esses mundos. Ambos se contêm dentro dela, dela fazendo parte e sendo dela formados. Os dois mundos são também partes do mesmo Universo e em ambos a vida é por ela condicionada. Aqui, no mundo da matéria, onde atuamos, apenas temos ciência de uma baixa escala de vibrações, ao passo que, no mundo do espírito, onde também há vida, uma escala mais alta de vibrações afeta a alma. O éter é para a outra vida, no Universo, o que é para nós. A outra vida, com tudo o que lhe concerne, é, efetivamente, tão substancial e real, quanto a nossa o é para nós. A vida funciona no éter e tanta aptidão tem para isso, quando livre da matéria, como quando encerrada nesta; de fato, uma vida mais plena e mais ampla pode imaginar-se, despojado o ser do corpo físico. Mais para diante, esta maneira de ver será melhor apreciada, através das conversações que mantive, e que reproduzirei, com os que se encontram nessa outra vida. Ver-se-á, então, terem-me eles dito que o mundo do espírito é tão real, tão tangível, tão belo, senão mais do que o mundo da matéria física, que afeta as nossas percepções sensoriais.

Unicamente os ignorantes afirmarão que só tem realidade aquilo que percebemos por meio dos sentidos, que nada existe para lá do alcance destes. Limitados ao extremo são a nossa visão, o nosso tato, o nosso olfato e a nossa audição. Sabemos que o espectro obtido com o espectroscópio prova ser verdadeiramente diminuto o alcance da nossa visão ordinária e que mais dilatadas ordens de vibrações do que as que produzem a cor se podem observar, a desdobrarem-se do outro lado. Já foi dito que as vibrações perceptíveis pelos nossos sentidos, se comparadas às que não percebemos, são muito menos do que uma polegada para uma milha. É evidente que cerca e interpenetra o nosso mundo uma vasta e habitável região, própria para outra vida, região essa inteiramente fora das percepções dos nossos sentidos. (Veja-se o quadro do Prefácio.) (1)

Enquanto não nos capacitarmos de que estes apenas correspondem a uma ordem muito restrita de vibrações, precisamente as que dão o que denominamos matéria física; que para lá dessas vibrações há um universo cheio de vida, correspondendo a uma ordem mais elevada de vibrações, para nós irreal, porém, mais real, com efeito, do que a matéria física, não poderemos apreender ou

---

(1) Acima dos raios X ou raios Röntgen enquadram-se, no espectro electromagnético, respectivamente os raios Gama e parte dos raios cósmicos. Abaixo da região infravermelha (ondas escuras quentes) situam-se as ondas hertzianas ou radiotelegráficas, divididas em ultracurtas, curtas, médias e longas, todas agora satisfatoriamente estudadas. — **Nota de Z. W.**

compreender, em toda a sua plenitude, os fenômenos físicos que se desenvolvem através da mediunidade. Durante toda a minha existência, interessaram-me muito os problemas graves da vida e da morte. Lembro-me de que, quando no colégio, tendo visto, ao passar pelo campo, um cavalo e, a seu lado, morto, um potro, admirei-me, como me admirei mais tarde de muitas outras coisas, do que ocorrera, tornando o que no dia anterior era uma ativa porção de substância em movimento, no que então ali estava inerte e silente. Esses pensamentos a todos acodem de quando em quando e podem ser sugeridos por toda casta de substâncias vivas. Que é o que faz que uma árvore em pleno viço conserve seus ramos e suas folhas, enquanto que outra, que dizemos "morta", se quebra e cai em pedaços, desde que a toquemos? Alguma coisa deve haver, a que chamamos vida, que anima o organismo vivo, alguma coisa com o poder de imprimir forma e expressão à substância e que, quando ausente, forma e expressão desaparecem, voltando a substância, que antes era animada, a fazer parte da terra.

É, pois, evidente haver alguma coisa que não pode ser vista, nem tocada e que, no entanto, é real e possante, e dispõe da faculdade de extrair formas, da terra inanimada. Digo-a possante, porque se mostra capaz de levantar e manter ereta a matéria, em oposição à força de gravidade, que logo volta a preponderar, desde que essa alguma coisa abandona a substância, que, então, passa a ser influenciada por todas as forças da Natureza. Um homem, um animal, uma árvore podem conservar-se eretos, enquanto essa força de vida o permite, caindo por terra, no momento em que ela se retira. A vida, portanto, é uma força organizadora, que pode contrariar a tendência da matéria à desorganização. É uma força organizadora e pensante, que integra a matéria e a organiza, visto que, sem ela, toda matéria fica desorganizada. A vida, conseguintemente, não pode ser parte da matéria, do mesmo modo que um oleiro não é parte da argila que ele emprega nos seus moldes, e, além disso, tem personalidade. Toda coisa viva a tem, porquanto, toda coisa viva difere de qualquer outra coisa viva. Essa força de vida, vê-se pela argumentação que vimos desenvolvendo, tem poderes que ultrapassam os que se atribuem à matéria. É mais poderosa do que esta, pode organizá-la, logo: pensa. Ao demais, tem individualidade, donde o podermos dar com segurança um passo à frente e dizer que essa força organizadora é também influenciada pela mente e que isso a que chamamos mente deve ser, no Universo, a força vivificante, ativa, dominadora e diretora. A mente governa a vida e a vida governa a matéria.

Pode-se então definir a morte humana como sendo o ato de deixar a força da vida de estar associada à matéria, e fora ilógico deduzir-se que a existência dessa alguma coisa que dispõe de tal poder cessa, quando não mais observamos a ação dos seus poderes organizadores. Ainda que não a vejamos operar, lógico e razoável é admitamos que a mente continua a governar, onde quer que seja, a substância etérea. A matéria, sabemo-lo, pode ser transformada, porém, não destruída. Por conseguinte, justo é se admita que o que governa a matéria não pode sofrer destruição.

Este argumento de ordem geral, contudo, sem se apoiar numa prova direta, nunca nos levaria a qualquer coisa de tangível. Assistir-nos-ia sempre o direito de admitir a indestrutibilidade da mente e da vida; mas, se os fenômenos psíquicos não nos viessem em auxílio, ficaríamos a meio caminho do nosso alvo, que agora, entretanto, se acha alcançado. Preparada foi a passagem à mente, para percorrer toda a estrada. Logicamente, era lícito admitir-se que a vida e a mente humanas continuam a existir depois da morte; agora, porém, temos, fornecida pela ciência psíquica, a prova de que assim acontece e que o corpo etéreo, que sobrevive, é o corpo real e o que sustenta o corpo físico, durante a vida na Terra.

Morrer, dissemos, é tão fácil, tão simples, quanto o adormecer e despertar. O nosso corpo etéreo escapa-se do corpo físico, levando consigo a mente e nós despertamos noutro meio, onde encontramos os amigos e os que conosco entretiveram relações, prontos a nos ajudar e instruir em a nova vida. A morte é apenas o separar-se esse corpo ou estrutura etérea, do corpo físico. Este último volta para a Terra e aquele, dirigido pela mente, continua a atuar no mundo etéreo que, embora interior e exterior ao mundo físico, ainda não podemos apreciar, enquanto nos achamos encerrados no corpo perecível. O grau da nossa visão e do nosso tato é muito restrito para que possamos apreciar vibrações mais sutis.

A individualidade, portanto, permanece, independente da matéria física; continuamos a pensar, fora do que é físico, do mesmo modo que pensamos agora, por isso que a pequena quantidade de mente que cada um de nós possui é a mesma que atua, quando temos unicamente o corpo etéreo.

Continuamos, pois, a existir, como unidades pensantes isoladas, no mundo etéreo, tal qual presentemente; com a mesma capacidade, que aqui temos, de expender os nossos pensamentos, as nossas mentes se desenvolvem no novo ambiente e, talvez, de maneira mais rápida, fora da matéria física.

É o que se verá pelas conversações que entretive com os que já eram trespassados, sobre o serem, os nossos corpos etéreos, semelhantes aos de que ora nos achamos revestidos, o que constitui uma conclusão lógica, desde que se admita o que foi dito antes, especialmente que o corpo etéreo é que sustenta as partículas do corpo físico.

Aquele, ao demais, tem peso, tanto quanto forma, visto que o peso é exclusivamente uma questão de grau. No mundo etéreo, o peso, que no mundo físico é determinado pela gravidade, deve ter a determiná-lo alguma outra força que foge aos nossos conhecimentos.

Teremos, portanto, peso, forma, individualidade e a mesma mente que temos agora; porém, e o que concerne ao ambiente ou meio? Quanto a esse, podemos aceitar o que nos dizem as comunicações vindas do mundo etéreo, como também podemos tirar algumas deduções lógicas, baseadas no nosso ambiente físico. Dissemos que o mundo etéreo se assemelha a este, que se compõe de individualidades e outras coisas vivas. Admitimos, tirando-a das nossas experiências físicas, a conclusão lógica de que todas as coisas vivas são animadas pela força de vida e, desde então, já não será despropositado concluir que tal força, combinada com a mente, que tem o poder de atuar sobre a matéria física, produzindo o que experimentamos aqui no nosso mundo, também dispõe do mesmo poder para influenciar a matéria etérea, para produzir árvores, animais e outras formas viventes, no mundo do éter, semelhantes às que existem no mundo físico. Não será, pois, igualmente, despropositado acreditar-se que o mundo etéreo contém árvores, animais e flores, e para todos os fins e efeitos que lhes são assinados neste nosso mundo, nem que, quando realizamos a passagem chamada morte, nos vamos encontrar em um mundo muitíssimo semelhante ao em que hoje vivemos, com a só diferença de lá não estarmos embaraçados pela matéria física e de serem, conseguintemente, mais ativos os nossos cérebros e mais céleres os nossos pensamentos e movimentos.

Neste primeiro capítulo, tentei levar o leitor a dar um grande passo para diante. Nos capítulos seguintes, freqüentes referências são feitas a vibrações e o saber-se, de modo geral, que o Universo nada mais, nem menos é do que éter, em diferentes estados de vibração, torna-se essencial para um certo conhecimento do novo mundo, a cujo respeito tenho a intenção de falar.

Enquanto não me fiz capaz de apreender o fato de que, aqui, no mundo terreno, o éter só nos é sensível dentro de determinados limites de vibrações e que estas são infinitésimas, se comparadas a outras, não pude compreender a possibilidade da existência de outro mundo, onde houvesse vida, forma e configuração, próximo e em torno de nós. Quando chegamos a precisar as nossas próprias limitações, é quando logramos encontrar, nas nossas mentes, lugar para alguma coisa maior e excedente dos lindes que nos traçam os limitados órgãos físicos das sensações. Ao nosso derredor, interpenetrando o mundo físico, outro mundo há, ao qual passamos por ocasião da morte. Ele me foi descrito pelos que de lá me hão falado, dizendo, porém, apenas, o que podem comportar as nossas mentes finitas. Quando perguntei como o poderia explicar melhor aos outros, foi-me dito que o comparasse a um oceano de éter, onde o movimento pessoal é ainda mais rápido e fácil do que o de um peixe na água. Tomemos, para exemplo, um mar em que flutuem esponjas completamente submersas. Envolvendo essas esponjas, um "meio" existe que serve de suporte à vida; pode assim o mundo do Espírito comparar-se à água em que se acha imergida a nossa Terra, salvo que a esponja absorve somente uma certa porção daquele líquido, ao passo que o mundo etéreo é não só exterior como interior à Terra. Interpenetra-a, este o único termo de que dispomos, para descrever uma coisa real e íntima de outra que também é real.

O Sr. Oliver Lodge, em *Ether and Reality* (*Éter e Realidade*), deu uma explicação diferente:

"Se o espaço está inteiramente cheio de substância "e se essa substância é de densidade grande, certo emba-

"raço se sente às vezes para compreender a possibilidade "da locomoção, dado que, com efeito, o movimento fosse "possível onde haja "plenitude". A dificuldade, porém, não "é real. A resistência ao movimento provém de viscosidade "e não de densidade e no éter não há, certamente, visco-"sidade: ele não se assemelha a um melaço; é, ao contrá-"rio, perfeitamente límpido. A densidade não é causa de "fricção; é, sim, causa de inércia e inércia é, exatamente, "o que revelam os corpos que se movem. Entretanto, para "compreender-se o movimento através de uma substância "de que o Espaço está cheio, basta lembrar que o peixe "pode mover-se livremente nas profundezas do oceano. "É imaginária a dificuldade; ou, se for genuína, pode ser "contornada..."

Somos feitos de modo que, no corpo físico, estamos em harmonia com o meio físico. Pela morte, deixamos esse corpo e funcionamos com o corpo etéreo; passamos ao outro meio que nos envolve e que mantém a vida, como a mantém a água. Aqui, na Terra, estamos no oceano do éter, se bem não o percebamos e, precisamente como agora, estaremos sempre. A mudança que a morte nos acarreta não é de situação, mas de modo de apreciação. Presentemente, só apreciamos o que é físico, lá apreciaremos o que é etéreo; e basta que o queiramos para de novo nos pormos em contacto com o que é físico, porquanto o que é físico pertence à matéria física e o que é etéreo à matéria etérea, cada um na matéria que lhe corresponde, com a única diferença de que os do mundo etéreo podem, à vontade, vir até nós, para nos ver e apreciar o que nos cerca, ao passo que nós apenas podemos ouvir o que nos eles dizem e imaginar o resto. Aqui, na Terra, somos quais cegos; não podemos ver, mas podemos ouvir e, pelo que nos é dito, imaginar quanto nos seja possível.

Disseram-me os do mundo etéreo que os nossos mais eminentes pensadores não fazem, sequer, ligeira idéia das propriedades que integram o Universo. Os guias do pensamento moderno, que ignorem, como acontece a muitos deles, o que sejam uma sala de sessões e a Mediunidade, estão perdendo grandes oportunidades de se instruírem. A idéia ortodoxa da atualidade sustenta a opinião de que o espaço é baldo de outra vida. Sei que assim não é, que ele contém vida, formas e aspectos, porque isso me foi dito por aqueles que o habitam e que certamente sabem mais, acerca da região em que se encontram, do que nós. Negar atenção aos reclamos da Ciência Psíquica e recusar receber ensinamentos dos que possuem maiores conhecimentos e inteligência do que nós, porque os fenômenos contrariam as idéias em voga, é cega estultícia, devida à ignorância e ao preconceito.

CAPÍTULO III

MENTE E MATÉRIA

"Tudo aquilo que pensa, compreende, quer e atua é algo celestial e divino."

Cícero

Hoje, estamos em condições de compreender o Universo, num sentido em que antes nunca o pudéramos. Legitimamente, podemos agora presumi-lo como não tendo tido começo e não devendo ter fim; como consistindo, na realidade, em movimento, de cuja velocidade a da luz é a única que conhecemos, sendo relativas todas as outras. Afirmar, porém, que o Universo nada mais é que movimento importa em converter, de alguma forma, a realidade em absurdidade, permita-se-me dizê-lo. Ele se compõe de movimentos de diversos graus, desde, digamos, a matéria física até a mente, e um dos quais nos afeta a nós seres físicos, àquele que se dá o nome de matéria física, enquanto que muitos há que por nós passam, sem nos impressionarem os sentidos. Uma constante mutação deve operar-se dentro dessa vasta região, uma vez que a matéria física irradia para a matéria não visível, se usarmos o termo matéria como exprimindo o efeito que esse movimento produz em a nossa mente.

Os que têm o Universo como constituído exclusivamente de matéria física o consideram a derruir-se e, assim, um momento viria em que aquela matéria houvera deixado de existir. Visão, porém, muito acanhada é essa. De acordo com as minhas experiências psíquicas, prefiro considerar a matéria física como parte apenas do Universo, e dizer que, exatamente do mesmo modo que o Sol, por exemplo, irradia, de forma lenta, sem que o vejamos, também outros mundos se vão formando por diminuição de movimento e, assim, novos mundos físicos se tornam lentamente visíveis aos nossos olhos físicos. O Universo está constantemente a mudar; mundos físicos, quais névoas, vão sendo pouco a pouco circunscritos, para serem vistos por nós, seres físicos, do mesmo passo que outros, como o Sol, retrocedem novamente para a matéria donde saíram. (1)

Torna-se difícil discutir um assunto que se resolve em movimento, coisa intangível; mas, matéria é movimento e movimento é matéria. Esta, portanto, é o Universo, forma o Universo, está em toda parte no Universo, não havendo lugar algum onde não exista; nunca teve começo e nunca terá fim; acha-se em contínuo movimento, evolvendo ou involvendo, conforme o nosso ponto de vista. Não há espaço vazio. Essa matéria, que, em certas condições de movimento, nos impressiona como matéria física, noutras condições de movimento afeta os que se encontram no mundo etéreo, precisamente como aquela nos afeta. Por conseguinte, eles têm o seu mundo tangível, exatamente como nós temos o nosso, e assim por diante; quantos diferentes mundos ou lugares habitáveis possam existir é coisa que depende da mente. Sem esta, nada há; só quando ela está presente, há qualquer realização de matéria, física ou etérea.

---

(1) Pensamos que Findlay quer dizer que o Sol, em se irradiando, lança no espaço cósmico parte de sua matéria constitutiva sob a forma de imensuráveis quantidades de energia criadora. Há aparentemente, neste caso, um retrocesso evolutivo. — **Nota de Z. W.**

Lógico, pois, será dizer-se que onde não há mente, não há matéria; que o Universo, portanto, se reduz a essa qualquer coisa que denominamos Mente. Mas, poderemos conceber a mente sem alguma coisa sobre que ela atue? A mente só a podemos apreciar, quando atuando sobre a matéria; assim, mente e matéria, conquanto diferentes — uma ativa, passiva a outra — têm que ser correlatas. O nome que damos à substância que forma o Universo, Matéria, abrange esses estados ativo e passivo; tem que ser dual em a natureza, visto que impossível é imaginar-se uma sem a outra.

Assim, mente e matéria estão intimamente ligadas; não se pode pensar numa sem a outra. A mente, essa alguma coisa que valoriza a matéria e a influencia, é a força ou movimento dominante no Universo. Sou obrigado a empregar os termos força ou movimento, porque não encontro outros. A mente é tanto uma parte do Universo, como a matéria física e a etérea; não pode ter tido princípio, nem poderá ter fim; sua propriedade é a capacidade que possui de desenvolver e dilatar o pensamento, ou, por outras palavras, é a capacidade de que dispõe de formar-se dentro dos objetos vistos ou imaginados e de dar causa ao movimento. Para nós, a mente existe em conjunção com a matéria física e no curso deste livro será vista igualmente em conjunção com a matéria etérea; mas, qual a sua história, quem poderá dizer? É fora de dúvida que apenas apreciamos a mente de forma muito restrita. O que terá realizado ela no passado ou estará realizando em qualquer parte, fora das nossas vistas: qual o ser físico capaz de dizê-lo?

Movimento revela mente. Dar-se-á, porém, que todo movimento que nos fere os sentidos e a que damos o nome de matéria seja dirigido pela mente? Onde começa o seu reino? Haverá mente numa pedra? Dizem os nossos físicos que uma pedra está em contínuo movimento, por estarem nela os eléctrons e os prótons em rápida e regular vibração. Se contém mente ou é por esta influenciada, tratar-se-á de uma mente da mais imperfeita e mínima forma; fôramos, no entanto, imprudentes, se avançáramos essa graciosa afirmação. Certamente, o que constituiu uma pedra pode tornar-se habitação de uma mente, pois, quando, por efeito das chuvas e das geadas, a pedra se muda em terra, produz relva de que se alimenta a vaca, transformando-a em leite, que sustenta corpos governados pela mente. Não podemos, pois, ser dogmáticos em afirmar onde há mente, ou onde não há, embora nos sintamos em terreno firme, admitindo provisoriamente que onde há crescimento e desenvolvimento também há mente. Assim, quando olhamos em torno de nós, podemos ver mente em todos os graus de desenvolvimento, desde a do mais humilde fungo até a que guiou a mão que escreveu a maior tragédia de quantas já o homem compôs: *Rei Lear*.

Logo que começamos a distinguir o Universo real e a sua composição, o Rei dessa região ilimitada, chamado Mente, também começa a ser imprecisamente apreciado. Em verdade, longa e descontínua tem sido a pesquisa feita pela Humanidade, muitas as veredas percorridas e múltiplos os erros cometidos, antes de haver alcançado o plano das atuais concepções; porém, essas especulações têm muito o que as justifique, embora seja aventuroso, sem ulteriores conhecimentos, levá-las muito longe, ou empreendê-las com muita rapidez.

Pois que o universo etéreo se nos vai revelando cada vez mais, chegaremos a poder apreendê-lo na sua integralidade, deixando de o considerar apenas do ponto de vista físico. Deste restrito modo de ver nunca se conseguirá explicá-lo; o tempo e o espaço nos iludirão sempre; só tendo em conta o etéreo e a mente, o enigma do Universo será decifrado. O Sr. James Jeans, em *The Mys-*

terious Universe (*O Universo Misterioso*), ponderou o seguinte: "A mente já se não apresenta como acidental "intruso no reino da matéria; começamos a suspeitar que, "antes, a devemos saudar como a criadora e governadora desse reino." A ciência moderna vai assim caminhando passo a passo para o que se poderia dizer uma visão mais ampla do Universo, de sorte que, com o tempo, o etéreo ocupará espaço mais vasto dentro dela, contraindo-se o físico para uma relativa insignificância. Ambos, no entanto, etéreo e físico, têm que figurar juntos no quadro, para que o seu aspecto seja verdadeiro, dando-se nele à mente, com a sua capacidade de construir, pensar e recordar, o justo lugar que lhe compete, de suprema força diretora do Universo. "Deus é espírito, infinito, eterno, imutável." Assim reza o Resumo do Catecismo Escocês. Hoje, com o conhecimento mais dilatado de que dispomos, podemos dizer com maior exatidão: a Mente é infinita e eterna, a mudar sempre, sempre a desenvolver-se, sempre a criar formas novas, tirando-as das velhas, nunca em repouso.

Governada pela mente, a matéria física e a etérea constituem o Universo, nada mais havendo, acima ou além, até onde chegou o nosso conhecimento. Em toda parte onde está a mente, encontra-se a matéria física ou etérea, de modo que impossível se torna imaginar um universo limitado. Ele tem que ser ilimitado, como o é a mente, que não pode operar sobre o nada. Andam juntas, mente e matéria; assim, onde quer que exista aquela, também esta existe.

Donde, o Universo só será limitado, se limitarmos a mente; onde possa a mente penetrar, aí se encontrará a matéria. Poderemos pôr limites à mente? Uma mente individual onipresente abarcaria, compreenderia e se apropriaria do universo inteiro; este lhe seria compreensível. Existirá uma mente assim, individual, e nos seria possível compreendê-la? Não, certamente não, porque o finito não pode compreender o infinito e essa mente infinita deve existir.

E já teremos nós, com semelhante postulado, atingido o último limite? Não, porque tudo o que a mente individual abrange tem que ser produto da mente universal; aquela pode ser capaz de tudo compreender, porém, não de tudo controlar. Pode compreender apenas de onde proveio, mas ilógico seria concluir-se daí que possa controlar o Universo. Fora desarrazoado discutir se pode ou não controlar aquilo que lhe deu origem.

Devemos, portanto, deter-nos, com relação à mente universal, como diante, é lógico, do que possamos chamar onipotente, onipresente, infinito e eterno. A Mente Universal é o máximo: — é Deus, a Causa Primeira, o Criador e o Mantenedor do Universo.

Cada um de nós tem a sua parte dessa mente universal e a que altitudes de sabedoria podem as nossas mentes individuais chegar, ninguém na Terra está apto a dizer; contudo, o desenvolvimento pode continuar e continuará, se o quisermos, não unicamente aqui na Terra, mas no mundo etéreo, ao qual cada um de nós passará a seu tempo.

CAPÍTULO IV

O MÉDIUM

"Um homem probo é a mais sublime obra de Deus."

Pope

O Sr. John C. Sloan, por intermédio de quem se realizaram as experiências que vou relatar, é homem de meia-idade, de pequena estatura e corretas maneiras. Tem um semblante de sonhador, e, quando em sessão, se não está falando ou tomando parte na conversação, parece alheio ao que o cerca. Nessas ocasiões, seus olhos assumem a expressão de quem se acha abstrato e, se lhe dirigem a palavra, visivelmente se assusta. Goza de perfeita saúde e, a trabalhar, poucos lhe notarão certas peculiaridades, que se lhe acentuam em casa, terminado o trabalho. Em não tendo algo de especial que lhe prenda a atenção, seu ar de sonhador mais se evidencia, tornando-se ele completamente distraído e despreocupado de tudo. Afora isso, é como qualquer indivíduo são e normal.

Sabe-se que, durante a sua vida toda, fatos supranormais sempre se produziram ao seu derredor. Em moço, era freqüentemente perturbado por batidas e estranhas vozes, que ele não compreendia, e, tendo passado dos trinta anos, os aludidos fenômenos se desdobraram em manifestações gerais de vários gêneros. Sua mediunidade, no curso desses anos, abrangia o transe, a telecinesia, os trazimentos, a voz direta, a materialização, a clarividência e a clariaudiência. Variaram de grau, de ano para ano, porém, seus amigos, em geral, afirmam que, há uns três lustros, suas faculdades mediúnicas estavam no apogeu. Cumpre-me dar algumas explicações aos que fraca experiência têm desses fenômenos.

O transe é um estado de inconsciência, em que caem certas pessoas anormais. Pode comparar-se à imersão num sono profundo, com breves intervalos de vigília consciente. É, todavia, mais do que o sono, porque é um estado muito mais profundo de inconsciência; a personalidade se retira para mais longe do que no sono e o corpo fica mais insensível. Uma pessoa em transe melhor se pode comparar a alguém que esteja sob a ação de um anestésico, do que a uma que se ache a dormir, com a diferença de que o estado de transe pode durar de duas a três horas e repetir-se várias vezes numa semana, sem qualquer efeito mau ou nocivo. Quando Sloan se encontra nesse estado, fala; seria, porém, mais correto dizer que seus órgãos vocais fazem vibrar a atmosfera, de modo que ninguém que então o observe pode pensar em atribuir à sua personalidade o que ele diz. A voz é diferente e diferente a entonação e muito do que nessas ocasiões é dito ultrapassa grandemente o grau dos seus conhecimentos. Os termos clariaudiência e clarividência traduzem a faculdade, que algumas pessoas têm, de ouvir o que para outros é inaudível e de ver o que normalmente ninguém vê. Ambas decorrem da estrutura etérea do ouvido e dos olhos, para funcionarem anormalmente, tornando-se aptos esses órgãos a apanhar as vibrações etéreas. Telecinesia é palavra usada para significar o movimento de objetos sem o emprego de qualquer força conhecida. Trazimento é a condução de objetos de um compartimento para outro, ou de fora para o lugar onde está o médium, por um agente invisível.

O que se denomina Voz Direta é que constitui o assunto especial deste livro. Em presença do médium, vozes, que absolutamente não provêm dele e que elas próprias dizem ser de pessoas falecidas, falam e, se se lhes replica, respondem inteligentemente, mostrando que ali não está, por detrás da voz, apenas uma mente, mas uma inteligência apta a ouvir, tanto quanto a falar. Ao proceder às primeiras experiências desse fenômeno, pensei naturalmente que o médium personificava alguém, porque, em regra, é no escuro que as vozes se fazem ouvir; que é, então, o que haveria de mais fácil do que supor que ele me estava a enganar e aos outros, fazendo-nos crer que nos falavam os Espíritos dos nossos amigos trespassados?

Da primeira vez que tomei parte em experiência com essas vozes, achava-me positivamente suspeitoso; mas, já durante a sessão, espantava-me que um homem, mesmo que tivesse comparsas a auxiliá-lo, prolongasse por duas e três horas uma impostura de tal monta. Trinta vozes distintas, que falaram naquela noite, em tons e com inflexões diferentes, deram seus nomes, suas residências exatas na Terra e, dirigindo-se a pessoas sérias, foram reconhecidas, mediante referências a íntimas questões familiares. Nem uma só vez qualquer equívoco pôde ser apontado e a escuridão, na realidade, contribuía para mais evidente tornar a genuinidade de tudo aquilo, porquanto, se difícil já seria lembrar-se alguém, em plena luz, dos falecidos amigos e dos conhecidos de cada um dos presentes e de seus respectivos negócios familiares, duplamente difícil fora isso no escuro, pois nada menos de quinze pessoas ali se achavam e o médium teria de saber com exatidão o lugar onde cada uma delas se sentara. A voz, de cada vez, falava diante daquele que lhe conhecia o nome, o endereço terreno e os detalhes que dava.

Era verdadeiramente assombroso e não menos o era que duas ou três vozes falassem ao mesmo tempo. Não só devia haver cúmplices, pensava eu, como também um admirável sistema de colher informações. Mas, como poderia isso fazer-se de modo tão cabal, ou, então, como poderiam falar os mortos? Mesmo que eles ali acorressem, seus órgãos vocais estavam sem dúvida sepultados e de que modo logravam fazer que a atmosfera vibrasse sem um instrumento físico-corpóreo? Não, nada mais impossível do que semelhante coisa. Eu já ouvira referências a fraudes e a impostores, porém, nunca ouvira dizer que mortos falassem; portanto, o que ali havia era sem dúvida fraude.

Tumultuavam assim as minhas idéias naquela memorável noite de 20 de setembro de 1918, quando, de súbito, uma voz se pôs a falar defronte de mim. Espantei-me. Disse um dos assistentes, a meu lado: "Amigo, alguém lhe quer falar." Obtemperei, então: "Sim, quem és?" — "Teu pai, Roberto Downie Findlay", respondeu a voz e entrou a referir-se a uma certa coisa de que somente ele, eu e um terceiro sabíamos, na Terra, sendo que esse terceiro também já morrera, havia anos. Era eu, pois, a única pessoa viva que tinha ciência daquilo a que a voz aludia. Já bastante extraordinário se me afigurou esse fato; entretanto, a minha surpresa cresceu de ponto, quando, tendo meu pai concluído, outra voz declinou o nome da terceira pessoa que na Terra estivera a par da questão lembrada e essa voz continuou a conversação que meu pai começara. A nenhum sistema de espionagem, por perfeito que fosse, a nenhuma personificação por parte do médium se poderia atribuir o que acabara de dar-se, acrescendo que absolutamente nenhuma das pessoas presentes me conhecia. Não dera o meu nome, ao entrar para a sala, não conhecia nenhum dos que lá se achavam e nenhum deles sabia o que quer que fosse a meu respeito.

Tal o meu primeiro contacto com John C. Sloan e com as Vozes Diretas. Finda a sessão, perguntei-lhe se poderia voltar, pois estava ansioso para saber mais sobre o assunto. "Certamente, todas as vezes que quiser vir, terei o maior prazer em recebê-lo", respondeu ele. Dirigindo-me a alguém que me estava próximo, perguntei quanto deveria pagar ao Sr. Sloan. Lembrar-me-ei sempre da resposta que obtive: "Se falar em pagar-lhe, ofendê-lo-á profundamente. Ele faz isto cônscio de cumprir um dever, não para ganhar dinheiro com a sua mediunidade." Isso não me deu a impressão de ser um método de que possa usar qualquer embusteiro. Como poderia, perguntava a mim mesmo, um homem que trabalha para ganhar algumas libras por semana, gastar o tempo e o dinheiro em obter todas as informações que eu lhe ouvira dar às pessoas presentes aquela noite? Tão viva impressão me deixara a singular experiência, que, de regresso a casa, me pus a escrever, até ao alvorecer da manhã seguinte, uma cuidadosa descrição de tudo o que ocorrera nessa primeira sessão a que assistira, prática que, daí por diante, segui invariavelmente, até quando consegui levar comigo um estenógrafo.

Lenta, mas, firmemente, cheguei a compreender que o que eu pensava fosse impossível era, em realidade, possível; que, com efeito, se dava o que eu supunha não poder dar-se; que os que eu cria mortos estavam inteiramente vivos, tinham corpos de tecidos mais delicados, porém de formas semelhantes às dos nossos; e que o médium fornecia uma substância que os habilitava a materializar suas bocas, gargantas e línguas, para fazerem vibrar a nossa atmosfera. Aprendi afinal que, assim como a vida física somente na escuridão — a do estado que precede ao nascimento — pode reunir em torno de si a matéria, também a escuridão é necessária para que a materialização se produza com a substância fornecida pelo médium. Só muito devagar aprendi isso e depois de haver consagrado muito tempo ao assunto e de ter sobre ele meditado muito; mas, antes de tentar saber como todas aquelas coisas se passavam, tomei a mim experimentar a honestidade do médium, para o que lancei mão de vários meios.

Após aquela primeira noite, muitos amigos meus falecidos me falaram, dando seus nomes e endereços exatos na Terra e dizendo-me coisas de que nenhum dos presentes, exceto eu, podia ter conhecimento. Imaginei, então, que tudo havia de ser efeito de telepatia, embora não me fosse possível compreender de que modo a telepatia lograva vibrar a atmosfera, como uma voz que eu reconhecia. Todavia, resolvera não deixar pedra sobre pedra, enquanto não chegasse a me inteirar da verdade e, assim, dispus-me a ver até onde essa teoria seria capaz de manter-se de pé. Não tardou que o conseguisse, tal como sucedera com a teoria da fraude. Vieram amigos, falaram-me, dizendo coisas de que não só nenhum dos presentes sabia, mas que eu próprio ignorava e das quais nunca tivera notícia. Verifiquei, por meio de investigações, que essas coisas eram exatas, de sorte que imaginei haver-se produzido, afinal, uma transmissão de pensamentos entre o meu eu consciente ou subconsciente e o do médium.

Logo deliberei aproveitar a primeira oportunidade para me sentar ao lado deste e, quando a voz começasse a falar, colar à sua boca o meu ouvido. Segurei-lhe as mãos desde o princípio da sessão, e, assim a voz entrou a falar, apliquei-lhe à boca o meu ouvido. Senti-lhe a respiração, meu ouvido e seus lábios se tocavam; entretanto, nenhum som escutei. Isso fiz, não uma ou duas vezes, porém, muitas, até que, finalmente, me convenci não só de que o fenômeno da voz direta era genuíno, como também que os que falavam eram realmente os que as vozes afirmavam ser, isto é, amigos nossos e conhecidos que, embora despojados de suas vestes físicas, continuam a viver, da mesma forma que nós aqui, e que, se conseguirem dispor, em quantidade suficiente, do ectoplasma de um ser humano, podem, baixando o grau de suas vibrações, fazer vibrar a nossa atmosfera, falar-nos e ouvir-nos, se lhes respondemos.

Ao cabo de doze anos de experiências íntimas com o Sr. John C. Sloan e de haver tomado parte em sessões com outros médiuns de destaque, neste país e na América, posso dizer, com convicção, ser ele o melhor médium que encontrei, de transe, de voz direta, de clarividência e de clariaudiência. Se bem as manifestações de transe nunca me tenham abalado tanto como as vozes diretas, notáveis lhe reconheço as faculdades para aquelas manifestações. Extraordinárias são as que possui de clariaudiência, especialmente no que concerne a apanhar os nomes e endereços terrenos dos que lhe falam, o que para muitos médiuns é difícil. Se ele houvesse querido revelar seus dons ao público, teria adquirido a reputação de um dos mais eminentes médiuns do país; ao invés, preferiu apenas reunir amigos, em sua casa, uma noite cada semana e dar-lhes o prazer de se entrevistarem de novo com os entes a quem aqui estiveram presos pelos laços da amizade e que já passaram para o outro plano da vida. É retraído e modesto ao extremo. Nenhum apreço dá aos louvores que freqüentemente lhe deferem, ao termo de cada uma de suas sessões. Causa-me sempre a impressão de que estas lhe desagradam e que só as efetua por um dever. Sei bem que, se fora deixado entregue a si mesmo, nunca exercitaria suas faculdades mediúnicas. Nele, o sentimento do dever e a bondade constituem os motivos de terem tido seus amigos aquela satisfação especial.

Não conheço homem mais honrado, nem de coração mais bondoso, ou que realizasse melhor o tipo de independência da velha Escócia. Enquanto há podido trabalhar, nunca aceitou dinheiro em troca de seus dons. Teve seus altos e baixos na vida. Conquanto operário de merecimento, ocasiões houve em que, sem ser por culpa sua, careceu de trabalho. De uma feita, o Sr. Mc Cully (algumas de cujas experiências são aqui citadas no Capítulo IX), assíduo freqüentador de suas sessões semanais, disse-me que, certa vez, estando o Sr. Sloan sem trabalho, lhe propuseram que aceitasse alguma coisa dos que lhe assistiam habitualmente às sessões, os quais a seu turno levariam outros que também de boa-vontade pagariam. Depois de muita relutância, anuiu em dar três sessões assim; fez duas e se recusou a fazer mais. "Tenho agora um biscatezinho", disse, "e nunca mais aceitarei novamente dinheiro pela minha mediunidade, desde que posso arranjar trabalho que me dê com que sustentar a minha família." A terceira daquelas sessões combinadas se realizou, mas sob a condição de que nenhum pagamento lhe seria feito.

Tal é John C. Sloan: esquisito e teimoso, se o quiserem; porém, unicamente no que constituía para ele uma questão de consciência. Ninguém, que lhe solicite permissão para assistir às sessões, terá que temer uma recusa; ninguém deve recear faça ele sentir que, com a permissão pedida, obtém um favor. Para Sloan, é um dever pôr a sua mediunidade a serviço dos que dela necessitem; mas, não lhe ofereçam paga, que será recusada.

Poderá parecer extraordinário que um homem com tais dons seja tão pouco conhecido. Isso é devido à sua modéstia e ao seu natural retraimento. Tem horror a toda espécie de publicidade. É tão tímido que, às vezes, solicitando-lhe eu permissão para que assistissem à sessão alguns de meus amigos membros da Sociedade de Pesquisas Psíquicas de Glasgow, me pediu que não os introduzisse antes que ele houvesse entrado e tomado o seu lugar e as luzes se apagassem. Só está tranqüilo quando, em casa, cercado unicamente de amigos seus, a sessão assume o caráter de um ato religioso, porque, para ele, aquilo é uma comunhão santa com o invisível. Sua recompensa, costuma dizer, consiste em que aquele que entre aflito saia certo de que a vida continua além deste mundo e de que ele apenas serve de intermediário para que ali se reúnam uma mãe ou uma viúva e o filho ou o marido que a morte lhes arrebatou. Apreciar-lhes o contentamento quando, no fim da sessão, sai do estado de transe, representa para Sloan remuneração ampla a todas as suas tribulações. Centenas e centenas de pessoas receberam por seu intermédio essa consolação, esse reconforto. Faz questão de não ser considerado mais do que simples instrumento; declara nada saber de como todas aquelas coisas se dão. Tem lido pouco sobre o assunto e, quando está em transe durante a sessão, tudo ignora do que ocorre.

Tivesse ele um feitio diverso e muito mais fácil se tornaria a sua vida, por meio das faculdades que possui, e se faria conhecido como um dos mais notáveis médiuns. Ele, entretanto, se contenta com um viver simples, mantido com o labor de suas mãos, ganhando algumas libras por semana. Sustenta numerosa família, habitando pequena mas confortável casa, num dos bairros operários de Glasgow, e freqüentemente se vê obrigado a um esforço árduo para que não lhe faltem os recursos indispensáveis. Executa conscienciosamente e bem o trabalho diário que lhe incumbe, e o seu empregador, que amiúde lhe assiste às sessões, o tem na conta de um dos melhores e mais dignos trabalhadores.

Esse o homem com quem me encontrei aquela noite, faz mais de doze anos. Fui introduzido numa pequena sala, onde se achavam reunidas mais de uma dúzia de pessoas, e, após ligeira palestra, sentamo-nos todos em círculo, ocupando Sloan o mocho de um pequeno harmônio. Apagaram-se as luzes, ficando a sala em plena escuridão. Em seguida a uma prece inicial, Sloan girou o mocho e tocou vários hinos que todos cantamos. Antes de terminado o último, foi ele tomado por uma entidade que deu o pitoresco nome de "Whitefeather" (Pena Branca), mas a quem habitualmente chamávamos "Whitie", divertida personagem que disse ter sido, quando na Terra, um chefe de Índios Vermelhos, que vivera nos Montes Rochosos, diante de cujo cenário a nossa paisagem escocesa lhe parecia inexpressiva.

Sloan, durante a sessão, permanece, ao que pude verificar, sentado no mocho do harmônio. Vozes, de todos os graus de vigor e cultura, falaram, parecendo provirem de todos os pontos da sala; difícil, no entanto, era dizer de onde, no momento, procediam, por isso que no centro do círculo havia dois megafones ou trombetas, cada qual com cerca de dois pés e meio de comprimento e, pelo timbre metálico da voz, evidente era que de ambas se serviam os que falavam. Sempre que não eram utilizadas para a transmissão da voz, as duas percorriam o círculo, tocando delicadamente cada uma das pessoas que o formavam. Um era ligeiramente tocado na ponta do nariz, outro no alto da cabeça, outro na mão e assim sucessivamente, nenhuma jamais dando qualquer pancada forte. Se algum dos presentes o pedia, sentia logo, sem engano, sem tateamentos, nítido e brando toque na parte do corpo que indicara, façanha impossível para qualquer ser humano, na mais completa obscuridade, conforme em várias ocasiões provei. Às vezes, moviam-se as trombetas com tanta rapidez sobre as nossas cabeças, que produziam um som sibilante. Luzes do tamanho, mais ou menos, de moedas de meia coroa, de fosforescente aspecto, estavam de contínuo a deslocar-se ao derredor da sala e em todos os seus cantos.

Consultando o meu registro, verifico que tenho notas de 43 sessões diversas em que eu ou meus amigos conversamos com entidades que diziam ter-nos conhecido, quando estavam na Terra; 39 com o Sloan e quatro com outros médiuns. Também por diversas vezes fui testemunha do mesmo fenômeno com os mais notáveis médiuns de voz direta, neste país e nos Estados Unidos, pelo que penso poder afirmar que disponho de bastante experiência para me achar capaz de fazer uma análise crítica dos fatos dessa natureza e tirar as minhas conclusões. Como já disse, tenho notas de 39 sessões diferentes com Sloan, nas quais 83 vozes distintas me falaram, ou a amigos meus pessoais, que eu levara em minha companhia; e 282 comunicações me foram dadas ou a eles. Classifico sob a anotação "A 1" uma série de 180 dessas comunicações, as em que era impossível que o médium ou qualquer outra pessoa presente tivesse conhecimento do que delas consta: formei a classe "A 2" com 100, de cujo objeto podia o médium ter notícia por meio de jornais ou de referências em livros conhecidos. De uma só das informações que as vozes me deram ainda não pude verificar a exatidão e uma apenas reconheci falha. A última a que me refiro estava certa num ponto; mas, como fazia parte de uma mensagem que me fora transmitida em nome de outrem, possível é que o erro proviesse da transmissão. Se nela se fizesse ligeira modificação de forma, ficaria correta. Entendo, portanto, que essa única exceção de maneira nenhuma pode invalidar as outras, que tive de reconhecer perfeitamente exatas.

Nestes últimos anos mais próximos, algumas alterações sofreu a vida de Sloan. Suas filhas casaram e seus filhos se fizeram ao mar. Ficando só, achou que o viver se lhe tornara monótono. Os parentes de sua mulher eram gente do mar, o que lhe induziu os filhos a seguir a mesma profissão. Ele próprio sempre tivera, durante toda a sua existência, marcado pendor para a vida marítima e, como nenhum laço mais o prendia em terra, acompanhou os filhos, engajando-se num barco da linha do Atlântico, lugar em que permaneceu por alguns anos, até que, afinal, voltou novamente a viver como dantes. Está agora empregado numa das mais importantes casas de negócio de Glasgow e continua a fazer sessões para os seus amigos. Entretanto, só esporadicamente exercita os dons mediúnicos, porque já não goza de boa saúde como outrora.

Parecerá singular que um homem possuidor de tão excepcionais faculdades se conserve, para todos os efeitos práticos, desconhecido do mundo; mas, assim é. Semelhante fato só se pode atribuir à sua persistência na recusa a receber dinheiro e a tornar-se um médium público, e nada o fará mudar de proceder. Escreve-me de quando em quando e tenho notícias suas por intermédio de amigos comuns; agora, raramente nos encontramos, porque, vivendo eu na Inglaterra, só por exceção vou à Escócia. Guardo, todavia, as minhas notas, para me recordar das muito interessantes e instrutivas horas que passei na sua companhia e até ao fim da minha vida lhe serei grato, pela bondade e delicadeza de que sempre usou para comigo.

Lembro-me com freqüência da primeira noite em que estivemos juntos e sinto que, antes, a minha posição era a de quem olhava para alguma coisa e não a divisava. Aquela noite me deu ensejo de encontrar o que andava procurando: a prova positiva de que continuamos a viver para lá deste apertado vale chamado vida e que, quando chega o fim da existência terrena, não somente entramos numa outra mais ampla e mais plena, como também nos reunimos de novo aos que aqui amamos. Por isso, serei sempre muito reconhecido a John C. Sloan.

CAPÍTULO V

A SESSÃO

"A Ciência está obrigada, pela eterna lei da honra, a enfrentar com destemor todo problema que se lhe possa claramente apresentar."

Kelvin

Já tendo o leitor travado conhecimento com o médium, passarei a descrever o que ocorria numa sessão. Quais os papéis que desempenham aquele e os assistentes? O médium, no nosso caso, vive em pequena habitação muito confortável, próximo de uma das mais movimentadas ruas da cidade, porém, a distância suficiente para se achar livre do ruído que produz ali o incessante tráfego. A porta de entrada abre para um corredor, a cujo lado esquerdo ficam o quarto de dormir e a cozinha. À direita é a sala onde se realizam as sessões. Habitualmente, de 10 a 15 pessoas lá se reúnem, sem que, entretanto, o médium intervenha para lhes designar lugares. Aliás, não cuida sequer de saber quem está presente, ou não. O Sr. Mc Cully, que ocupa cargo de responsabilidade, num dos mais importantes estabelecimentos de Glasgow, durante longo tempo tomou a si o encargo de promover as sessões. Os assistentes variam de semana a semana e, em geral, a metade dos que comparecem é de pessoas que vão pela primeira vez, ou que, antes, só haviam ido acidentalmente. O círculo, no entanto, tinha um núcleo formado pelos que freqüentavam regularmente as reuniões, os quais contribuíam para os resultados, como sempre acontece, porque os que são assíduos concorrem para estabelecer as condições do ambiente.

Dentre essas condições, a harmonia é a mais essencial ao êxito da sessão e eu sempre achei que os melhores resultados se obtêm quando harmonizados se encontram os assistentes e exclusivamente bons sejam os sentimentos. Presentes pessoas antipáticas umas às outras, ou perturbadas e de certo modo excitadas, desfavoráveis se tornam as condições do ambiente. Por essa razão, desavisado é que um grupo de novatos faça reuniões com um médium altamente desenvolvido e espere bons resultados, da primeira vez. Semelhante coisa é impossível, pelo que sempre foi tido como de bom aviso que o maior número possível de freqüentadores habituais compareça, a fim de que boas se mantenham as condições, embora se permita que estranhos assistam às experiências, se beneficiem com elas ou recebam o conforto que proporcionam. Os que as freqüentam regularmente já transpuseram a fase da dúvida e do cepticismo, fase em que vêm à tona todas as idéias pessoais. Esses são os que já tiveram experiências suas, obtendo manifestações de amigos seus do Além. Aptos se acham, portanto, a conservar-se em atitude plácida, o que auxilia a frustrar qualquer adversa influência, oriunda de um ou de alguns dos adventícios.

Os que freqüentam sessões, regularmente, estão sempre a perceber vibrações em torno de si. Acostumam-se, mesmo fora dessas ocasiões, a pensar em termos de vibrações, a cujo respeito a descoberta do rádio, mais do que qualquer outra que o homem tenha realizado, concorreu para educar o público. Já estudamos o éter e toda a gente instruída sabe que as nossas estações radiofônicas não dão, em certos dias, resultados tão bons quanto noutros. Por melhores que sejam as estações transmissoras e as receptoras, umas e outras podem ser perturbadas pelo que se denomina "oscilações". Aquele que vai hostil ou irritado a uma sessão ocasiona exatamente o mesmo que faz um que, "oscilando" e incomodando-nos, perturba as nossas condições de sem-fio. O éter desempenha papel tão importante numa sessão, quanto com relação aos instrumentos irradiadores.

A muitos pode parecer estranho o dizer eu que o nosso espírito ou corpo etéreo, reprodução exata do nosso corpo físico, influencia o éter que o envolve. Cada um de nós faz vibrar o éter de modo particular, porquanto o corpo de cada um emite vibrações de graus diferentes. As de um homem ou mulher, que entra para uma sala de sessão em atitudes de franca hostilidade, influem de tal forma sobre as condições ambientes, que o fenômeno se produz com menos facilidade. Sei haver quem, tendo investigado com esse ânimo, suponha e diga amiúde que nunca obteve resultado algum, donde deduz que nenhum resultado podem outros obter. Bom seria compreendessem esses tais, pelo menos, que uma mente crítica e sutilmente ativa não modifica condições e que ninguém espera nem pede que eles tragam a razão no bolso, quando entrem para uma sala de sessões. Pessoalmente, nunca procedi assim. Sou hoje tão crítico quanto sempre fui e, se qualquer coisa de natureza suspeita ocorresse na sala da sessão, creio que seria dos primeiros a apontá-la; mas, não obstante, em geral, obtenho provas excelentes de natureza supranormal.

Prefiro tratar o médium, como trato a qualquer outra pessoa com quem me encontre... Porque um homem é médium, não se segue seja um maroto ou um desclassificado. Admito haja desclassificados e marotos entre os médiuns, como há em qualquer outra classe da sociedade. Tenho encontrado médiuns desonestos, como tenho encontrado gente desonesta nos meus serviços e na minha vida social. Deveremos confiar o nosso corpo a todo aquele que se diga capaz de curá-lo? Certo que não. Utilizamo-nos da nossa razão e da nossa ponderação e, se procedermos descriteriosamente, sofreremos as conseqüências de haver confiado o nosso organismo para ser tratado por quem diz poder fazer uma coisa para a qual não tem capacidade. Do mesmo modo, quando vos puserdes em relação com um médium, tratai-o como costumais tratar a todos com quem travais conhecimento. Se assistirdes a uma sessão em plena claridade, julgai, pelo que ele disser, se alguma coisa supranormal ali há, ou não. Verificai se é possível, ou não, que ele ou ela haja obtido normalmente a informação que deu e pesai-lhe os prós e os contras de modo judicioso. Semelhantemente, quando vos achardes em uma sessão de voz direta, na obscuridade, certificai-vos primeiro de que não é o médium quem fala e, além disso, ponderai as comunicações que receberdes e cuidai de verificar se oferecem a prova de terem vindo de uma personalidade distinta da do médium e de que essa personalidade é, realmente, quem a voz diz ser. Essa foi a norma que segui, de crítica cerrada, porém, nunca hostil, e, desse modo, me cerquei do que consideramos as melhores condições e que eram as em que se colocavam os freqüentadores assíduos das sessões de Sloan. Elas determinam vibrações que tornam possível aos do outro plano virem até nós, mesmo que esteja presente uma ou outra pessoa hostil. Se a "oscilação" dessa pessoa não for extremamente forte, as emanações dos demais assistentes bastarão para nulificar as contrárias e para assegurar satisfatórios resultados.

Pessoas, contudo, há que, embora não hostis, nenhum resultado obtêm, sem que seja por culpa delas. Todos os dias encontramos criaturas que instintivamente nos desagradam, sem sabermos por que, criaturas que, no entanto, podem ser, justificadamente, simpáticas a outros, mas que, pelo que nos diz respeito, nos põem, por assim dizer, completamente desnorteados. Seremos mais exatos, se dissermos que perturbam as nossas vibrações. Não nos achamos harmônicos com essas pessoas e, assim, não nos sintonizamos. O mesmo se dá com os que nenhum resultado conseguem: emitem vibrações que tornam impossível aos do outro lado aproximar-se deles. As vibrações das duas personalidades, daqui e de lá, se chocam e impedem se estabeleçam as condições necessárias. Daí vem o serem bons assistentes de sessão uns, enquanto que outros são maus. Quem trabalha anda, na vida cotidiana, lado a lado com muita gente; alguns há, porém, que estão sempre a desnortear os outros, ou a serem desnorteados por aqueles com quem se encontram, residindo aí a razão por que uns se mostram aptos a pôr-se em contacto com vibrações mais sutis, ao passo que outros não. Provavelmente, com a grande maioria ocorre, mais ou menos, o que se dá comigo a tal respeito; de fato, a julgar pelas comunicações que ouvi os do outro mundo transmitirem aos que assistiam às sessões, com a maioria deve dar-se o que comigo se verifica; mas, não podemos deixar de reconhecer que há certos indivíduos constituídos de modo que não se ligam, tanto variam as suas vibrações, a outros aqui na Terra, de sorte que, ao irem a uma sessão, repelem toda tentativa que façam os do outro mundo, para se porem em contacto com eles. Não se suponha queira eu dizer que as condições sejam exatamente as mesmas para todos, porque não o são. Há pessoas delicadas e agradabilíssimas, que não conseguem resultado algum; o que quero dizer é que, com a nossa experiência terrena, relativa a diversas pessoas, melhor se compreenderá como podem alguns ser bons assistentes de sessões e outros não. Os primeiros emitem vibrações que possibilitam as comunicações aos do outro mundo que tentem comunicar-se. As vibrações que os demais emitem tornam impossível que isso se dê. Eis por que consideramos eminentemente desejável se sentem juntos os que emitem vibrações que não se chocam entre si. A harmonia é o objetivo; tão necessária ela é, quanto um poderoso médium, razão por que procuramos sempre cultivá-la nas sessões de Sloan.

Nada concorre mais do que a música, para que as melhores condições se estabeleçam. As vibrações musicais, embora sejam levadas pela atmosfera e não pelo éter, exercem indireta influência sobre as vibrações que enviamos para o segundo; por isso é que iniciamos as nossas sessões cantando, acompanhados ao harmônio. Sloan prefere à música secular os hinos, o que, entretanto, não é imprescindível. Qualquer música produz o efeito desejado; mas, nas sessões de Sloan, só se cantam hinos e, se as condições se tornam tensas e as vozes enfraquecem durante a sessão, cantamos de novo. Isso, em geral, causa o efeito que se quer, notadamente o de melhorar os meios de comunicação entre os dois mundos.

Depois que todos se achavam reunidos e entabularam uma conversação preliminar, sentamo-nos em círculo e o médium conosco, alternados, tanto quanto possível, homens e mulheres, porque também muito concorre para que boas condições se estabeleçam o misturarem-se as vibrações mais grosseiras às mais delicadas dos dois sexos. No centro do círculo são colocados os dois megafones que já descrevemos. Estabelece-se animada conversação geral, porque o falar auxilia a formação do ambiente apropriado. Faz-se, quase sempre, uma oração inicial e em seguida entoa-se um hino; porém, antes que se acabe o primeiro, já o médium guarda silêncio e a sua cabeça se inclina gradualmente, tal qual se adormecera. Aquele que lhe está à direita segura-lhe a mão direita e o que se acha do outro lado, a esquerda. Apaga-se a luz e todos se dão as mãos, formando uma cadeia, e assim permanecem até ao fim. Continua o cântico; ao primeiro hino, segue-se outro e, quando acaba o terceiro, já Sloan está em transe profundo e nós o escutamos como que a resmungar. Progressivamente, esse resmoneio se faz mais perceptível e ouvimos as palavras que se vão formando, indistintamente a princípio, depois, pouco a pouco, mais claramente articuladas, de modo a serem mais bem escutadas.

Afinal, "Whitefeather" (Pena Branca), o guia, anuncia com um brado a sua presença.

— "Boa-noite, amigos, Whitefeather aqui agora, o Espírito do médium fora do corpo e mim a dirigir; mim ouvir perfeitamente, mim pode fazer sua boca fala o que mim quer dizer. Boa-noite todos."

Essa, em regra, a sua saudação, a que respondemos: — "Boa-noite Whitie", e lhe exprimimos o prazer que experimentaríamos, se o ouvíssemos falar de novo. Habitualmente, a primeira pergunta que lhe dirigimos é sobre se são boas ou más as condições. Ele é um pessimista de tom sombrio. Foi-me dito, certa vez, que o pessimista é uma criatura que sempre viveu com um otimista. Penso que os amigos de Whitie devem ter sido otimistas, porque, invariavelmente, ele nos diz que as condições são más e que nada se produzirá. Sabemos, todavia, que não devemos tomar muito a sério essa insinuante personalidade e sempre lhe contrapomos uma opinião menos desfavorável, dizendo que estamos seguros de que tudo se passará muito bem.

Seu pessimismo, em geral, não se justifica; mas, ao que parece, nenhum proveito tira do desmentido que a experiência lhe oferece, pelo que devemos entender que a condição a que costuma referir-se é momentânea e que, quando ele volve, finda a sessão, com a maioria dos que o acompanham, para as regiões onde habita, a vida se lhe apresenta à visão sob cores menos carregadas. Contudo, seu pessimismo nos diverte, tanto quanto nos podem divertir aqueles que na Terra estão sempre a ver as coisas pelo lado tétrico. Procuramos animá-lo e, então, lhe perguntamos o que fez depois da nossa última reunião e a conversa prossegue vivaz, respondendo ele, no seu extravagante inglês, às nossas observações. Isso dura cerca de dez minutos ou um quarto de hora e, enquanto fala o nosso amigo pessimista, seus companheiros do Além trabalham, preparando os meios próprios às comunicações por voz direta. Pacientemente esperamos que concluam o seu labor, não sendo, em geral, longa a nossa expectativa. Vai continuando a palestra, quando, de repente, uma voz forte, vinda de um ponto qualquer do teto, nos saúda, dizendo: — "Boa-noite", saudação a que respondemos.

A essa outra personalidade, perguntamos se podemos contar com bons resultados e recebemos a grata resposta de que as condições são boas e que os do outro plano, desejosos de falar-nos, tudo farão para consegui-lo. Fala, então, outra voz, mandando descruzem as pernas os que as têm cruzadas, ou referindo-se a qualquer coisa de interesse para algum dos presentes.

— "Sr. Lang, eu o vi e a Sra. Lang falando ontem ao seu jardineiro."

— "É exato", replica o Sr. Lang.

— "Diziam-lhe que querem tire ele uma roseira de junto da casa e a coloque noutro lugar do jardim."

— "Muito bem, meu amigo, está certo; foi isso mesmo. Terá visto ou ouvido qualquer outra coisa?"

E assim continua o diálogo entre a voz e o Sr. Lang, acabando este por dizer: — "Perfeitamente; conquanto eu não o tenha visto, o meu amigo deve ter estado lá, pois que tudo o que me diz, com efeito, se verificou."

A partir daí as coisas se tornam mais pessoais: uma voz falará diante de um dos assistentes, lembrando antiga amizade, dando-lhe o nome e a residência na Terra e referindo algum caso particular.

Lembro-me de uma ocorrência verdadeiramente impressionante. Uma voz falou a um homem que se sentara a meu lado, declinando o nome de uma mulher, a quem aquele respondeu. Ela então mencionou o nome de todos os filhos do assistente, assinalando o caráter de cada um, e deu conselhos especiais acerca de como deveria proceder com o mais velho, que era sobremodo turbulento. Disse-me depois o companheiro a quem a voz se dirigira que esta era da sua esposa recentemente falecida e que lhe falara exatamente como o teria feito se ainda vivesse na Terra, com conhecimento de todas as características da família, e concluiu assim: "Nem o médium, nem nenhum dos presentes sabem de coisa alguma com relação a mim ou à minha família."

Na mesma ocasião, outra voz de mulher falou ao Coronel Mc Donald, dizendo ser sua mãe e que com ele tomara parte na comunhão do dia anterior, em Portree in Skye. Declarou-me, depois, que nenhum dos presentes podia saber que, precisamente naquele dia, chegara ele de Portree, onde participara da comunhão.

Tudo isso era ouvido por todos os que formavam o círculo e assim prosseguia a sessão, vindo uma voz após outra colocar-se diante da pessoa a quem queria falar e falava, fornecendo provas de sua identidade a essa pessoa. Se as condições eram propícias, ouvíamos umas trinta ou quarenta vozes diversas, a falar aos assistentes; se, porém, eram más as condições, somente duas ou três falavam e isso mesmo de maneira muito indistinta. Entretanto, as trombetas, invariavelmente, se moviam sem cessar, em torno da sala, quando através delas ninguém falava.

Eu, previamente, as untava de matéria fosforescente, de sorte que todos as viam a flutuar ao redor da sala e à altura do teto. Tocavam com delicadeza os assistentes e, a pedido de alguém, numa determinada parte do corpo, sem engano e logo à primeira tentativa. Nenhuma hesitação, sempre a mesma destreza e a mesma suavidade no tocar. Proporcionavam-nos, às vezes, um entremez musical, batendo com as trombetas no assoalho, ou em todas as pessoas, ao mesmo tempo. Ouvíamo-las subirem direito ao teto e fazerem do forro um tambor. Luzes do tamanho mais ou menos de uma meia-coroa se moviam a maior parte do tempo pela sala, sem nunca poderem ser pegadas. Logo que alguém estendia a mão para segurar uma, ela se afastava. Todos esses fatos, cumpre lembrá-lo, se passavam em completa escuridão e, normalmente, ninguém os pode reproduzir.

Após uma sessão, sentados os demais assistentes e eu no escuro, tentamos fazer com as trombetas o que fora feito durante aquela; mas, como ninguém, e não precisamos insistir neste ponto, pode ver no escuro, o que as trombetas fizeram no correr da sessão nenhum ser humano, sem a faculdade da visão, poderia realizar. Igualmente, nenhum ser humano pode, na obscuridade, empunhando uma luz fosforescente, dizer quando um dos assistentes se dirige para ele a fim de arrebatá-la e quando se afasta. Essas luzes fosforescentes, como as trombetas, são postas em movimento por inteligências para as quais a nossa escuridão não existe, porque a essas inteligências corresponde uma luz de natureza diversa da de que agora dispomos.

Ao cabo de três horas, só nos apercebemos de que o tempo correra, quando chega o momento das despedidas. As vozes se tornam então menos distintas e Whitefeather declara: "Não podemos ir mais longe, nem dizer mais coisa alguma", sendo ele o último a nos dar adeus.

Gradativamente, o médium sai do estado de transe. As luzes se reacendem e ele, como sempre, pergunta se obtivemos bons resultados. Durante todo o tempo, conservou-se na mais completa inconsciência de tudo o que ocorrera, de maneira que naturalíssima é aquela pergunta. Sloan volta muito rapidamente ao estado normal. Discutimos um pouco entre nós mesmos sobre o que se produziu e nos dispersamos.

Tal a descrição de uma sessão com este notável médium. Os jornais da manhã seguinte nada continham acerca do que se passara em sua casa, se bem tudo o que ali sucedera fosse de vital interesse para todo o gênero humano. Os programas de rádio à tarde são mais ansiosamente lidos pelos entusiastas das transmissões radiofônicas, os quais ardem por ouvir a voz de alguém que fale de questões relativas a este mundo em que vivemos, mas não gostam de prestar atenção ao que ouvimos dos nossos amigos que, tendo vivido na Terra e emigrado para outro mundo, se acham aptos a dizer-nos como lá vivem e em que condições agora se encontram. Somos por demais criaturas do presente. O outro mundo, para grande número dos que nele pensam, está muito distante para que valha a pena com ele nos ocuparmos. Quão poucos se acham compenetrados da sua proximidade e da possibilidade de obtermos de lá, preenchidas as condições necessárias, informações e instruções mais úteis e reconfortantes para a Humanidade, do que tudo quanto nos diga uma voz humana por um transmissor sem fio.

CAPÍTULO VI

AS VOZES

"Tenho plena e firme convicção de que a vida continua; que nada se perde; que é possível, e já se tem conseguido de vários modos, a comunicação com os que se acham na vida do além. Empreguei esforços para realizar uma condição em que se tornasse possível aos Espíritos revestirem de uma substância física seus órgãos de respiração, a fim de poderem falar-nos, como quando na Terra. Tive a ventura de lhes ouvir as vozes, pelo melhor de todos os métodos, centenas de vezes. Milhares de individualidades falaram, servindo-se de seus próprios órgãos vocais, e eu lhes respondi. Dessa procedência grandes ensinamentos advêm, assim como o conhecimento de fatos acima do saber dos homens e que em nenhum livro se encontram. E tenho a fortuna de os pôr ao vosso alcance."

Randall

No capítulo precedente, descrevi, do nosso ponto de vista humano, uma sessão. Neste, procurarei descrevê-la do ponto de vista dos que nos falam. Não é fruto da minha imaginação o que se vai ler. Apenas repetirei, tão claramente quanto o permitam as palavras, o que me disseram as vozes, que não pertencem a este nosso mundo físico. Cada uma de suas palavras foram ouvidas distintamente e grafadas ao mesmo tempo no papel.

Antes, porém, de passar adiante, seja-me lícito dizer um pouco mais acerca de nós mesmos e do mundo em que habitamos. Já declarei que muito se falaria de vibrações neste livro e a quem não possa conceber o que sejam vibrações, possível não será entender o Universo em geral, e, em particular, o assunto aqui versado, como não o será entender de finanças a quem não tenha conhecimento da aritmética.

O Universo todo é, precisamente, uma gigantesca escala de vibrações, das quais, entretanto, apenas um número infinitesimal nos afeta os sentidos. Explicar-me-ei melhor. Quando olhamos para um objeto, o que vemos são as suas vibrações, que nos chegam por meio de ondas de éter, indo tocar esse órgão extremamente sensível que é o olho, donde se transportam para outro órgão, também muito sensível, o cérebro, e daí para a mente. Esta, então, as transforma em imagem mental. Compõe-se a nossa mente de uma substância plástica passível de ser modelada, por aquelas vibrações, numa figura, de sorte que, quando observamos uma mesa, por exemplo, o que realmente vemos não é um móvel assim chamado, porém uma imagem que se nos formou na mente, mediante as vibrações transmitidas pelos eléctrons existentes nos átomos que compõem o dito móvel.

Talvez nos façamos melhor compreendidos, se voltarmos ao que já deixamos dito acerca do rádio. No nosso receptor, não ouvimos a voz do locutor. Ela apenas faz vibrar a atmosfera no gabinete donde ele fala. Essas vibrações atuam sobre um instrumento semelhante a um tambor, que, a intervalos, retarda ou acelera uma corrente elétrica, a qual envia para o éter ondas que igualmente retardam ou aceleram a corrente elétrica que atravessa a nossa camada aérea. A mesma corrente passa, através do nosso aparelho receptor, para o seu alto-falante e lhe faz vibrar o tambor, produzindo vibrações na atmosfera da sala em que nos achamos, vibrações que nos influenciam os tímpanos do ouvido, donde são conduzidas ao nosso cérebro e daí à nossa mente.

O mesmo se dá com o sentido do tato: as vibrações que uma substância emite, depois de nos passarem através dos nervos e do cérebro, fazem vibrar a nossa mente e temos a sensação do tocar. Cada substância emite um número especial de vibrações e, assim, pelo tato, podemos determinar se o que tocamos é, *verbi gratia*, um objeto de madeira, ou um tecido de algodão. Porém, o sentido do tato não é tão apurado quanto o da vista, pelo que, muitas vezes, com o tocar não conseguimos perceber qual o objeto em que tocamos.

Ora, o mundo físico é constituído de uma certa ordem de vibrações que nos afetam os sentidos; mas, em número diminutíssimo com relação às que sabemos existir. Elas variam, aproximadamente, entre 34.000 e 64.000 ondas por polegada, que é o que se denomina o espectro visível do espectroscópio, entre o infravermelho e o ultravioleta.

Isto me leva ao ponto que desejo tornar claro: primeiramente, que apenas sentimos ondas compreendidas entre dois limites determinados; segundo, que há um número enorme de vibrações, que não sentimos, acima do ultravioleta e abaixo do infravermelho. Chego deste modo ao que me foi dito acerca dos meios que empregam, para falar-nos pelo processo chamado da Voz Direta, os que baixaram suas vibrações e comigo se entretiveram sobre vários assuntos referentes às condições da vida no plano em que agora eles se encontram. Como é possível que as suas vibrações, de ordem mais elevada, se reduzam até ao ponto de fazerem vibrar a nossa atmosfera?

Consideremos o crescimento de uma criança, desde o momento da concepção até o instante da morte, e o que se segue daí por diante. Se procedermos criteriosamente, tudo se tornará muito simples de compreender-se.

A concepção só é possível quando a mente se associa à matéria. A primeira é de uma ordem diferente daquela da segunda; é substância — não há outro vocábulo de que nos sirvamos — que vibra muito para lá do ultravioleta. Essa substância delicadíssima liga uma célula masculina a uma feminina e começa o desenvolvimento.

Na obscuridade, e tal efeito só é possível na obscuridade, porque a luz impossibilitaria essa materialização do Espírito, aquela substância reúne em torno de si a matéria física, ou, noutros termos, a matéria que vibra entre o infravermelho e o ultravioleta. A mesma substância delicadíssima pensa, desde o ponto inicial da concepção, elabora a estrutura em torno da qual se reunirá a matéria mais grosseira, até que, no momento preciso, um corpo se acha formado. Em chegando a ser bastante forte para resistir às vibrações da nossa luz, esse corpo deixa a obscuridade e temos o que se chama o nascimento. Uma alma ou mente (qualquer dos dois termos serve) há então entrado a funcionar no mundo físico. Continua o processo do desenvolvimento, a matéria física continua a ser acumulada sobre a estrutura etérea e, de par com o crescimento físico, verifica-se o crescimento mental. Este último não pára nunca, se bem na velhice já a mente não possa funcionar com muita facilidade. Contudo, a individualidade se acha firmada em definitiva, pois que à mente é que pertencem as qualidades que nos fazem o que somos. O cérebro físico não passa de um envoltório destinado a proteger a mente contra as vibrações físicas, até que ela se ache suficientemente forte para funcionar apenas por meio do cérebro etéreo. Pertencem à mente a memória, as afeições, tudo, em suma, que forma o nosso caráter, a nossa personalidade.

Por ocasião da morte, a vestidura física é abandonada para voltar à Terra donde proveio; a mente ou espírito também volta ao meio donde viera. Nenhuma mudança de situação se faz necessária, podendo o Espírito permanecer no que para nós é, no espaço, o mesmo compartimento ou a mesma localidade onde a morte, ou digamos, a separação ocorreu. Como, porém, o espírito pertence, em realidade, a uma ordem mais alta de vibrações, é com estas que ele se põe em concordância. Não lhe é mais possível corresponder às vibrações físicas, porque para tal lhe falta o corpo físico. Não experimenta, portanto, depois da morte, sensações físicas, mas, apenas, as do mundo etéreo. Assim como, quando o espírito se achava neste mundo, a matéria, vibrando dentro de determinados limites, influenciava a mente através do corpo físico, no mundo etéreo, igualmente, vibrações de ordem mais elevada influenciam o corpo espiritual e, por meio dele, a mente. Esta, então, só é sensível a essas vibrações mais altas; aprecia a estrutura delicada a que se achava preso o corpo físico; percebe a forma que o seu corpo toma, porque sabe que o que se desenvolveu na Terra foi construído sobre o que ela concebera. O corpo terreno ligou-se à substância etérea, talhada de acordo com o que a mente ideara, e, assim sendo, ao abandonar aquele corpo, esta última se conservou a mesma, com os mesmos pensamentos a darem forma e caráter ao corpo espiritual. Apenas o ambiente mudou. A mente é indestrutível, permanece, sem embargo da mudança que a morte lhe acarreta no envoltório e no meio onde ela passa a atuar; mas, o corpo do Espírito continua com a forma que tinha na Terra, a mente pensa ainda do mesmo modo e se recorda de suas experiências terrestres. Nada se perdeu, por efeito da morte, que nenhuma importância tem; apenas fê-la passar para outro meio que, do ponto de vista da situação, é exatamente aquele onde a morte se verificou.

O que neste mundo se entende por mudança de situação, nada significa para a mente, em a nova morada. A sua situação muda, em virtude das vibrações a que lhe cumpre corresponder. Se ela na Terra não se desenvolveu, corresponderá a uma ordem inferior de vibrações. Se, porém, se encontra altamente desenvolvida, corresponderá a vibrações de ordem mais elevada. Assim é que pode prosseguir no seu desenvolvimento, pondo-se sempre em correspondência com vibrações mais altas, sem mudar de situação, mas, também, sem passar repentinamente de vibrações baixas para outras elevadas, com as quais não esteja de harmonia. Não quero dizer que a mente, uma vez livre do envoltório físico, nunca mude de posição e que só se torna senhora de um novo ambiente, por corresponder a mais altas ou mais baixas vibrações. De modo algum. O movimento, em cada plano a que ela ascende após a morte, lhe é tão possível, quanto aqui na Terra; em realidade, lá é mesmo muito mais rápido. O que a mente não pode fazer é alçar-se a um plano de vibrações mais alto do que aquele a cujas vibrações correspondem as que lhe são próprias. Entretanto, pelo pensamento, pode ela responder a vibrações mais baixas, quais as do mundo físico.

Chegamos desta maneira a compreender que o que se passa numa sessão é, ao mesmo tempo, racional e natural. Os do outro plano da vida têm seus mensageiros em contacto com o nosso mundo, os quais os informam de que uma sessão se vai realizar e as notícias lhes são levadas mais celeremente do que uma informação na Terra. A força do pensamento nesses planos de mais altas vibrações está acima da nossa capacidade de compreensão. Os que querem falar descem ao nosso planeta e baixam suas vibrações, reunindo em torno de seus órgãos vocais o que se chama *ectoplasma*, tomando-o ao médium e aos assistentes. Este assunto, explaná-lo-ei mais tarde minuciosamente.

Para se obter a voz direta ou independente, faz-se mister que, conjugadas às do mundo espiritual, se estabeleçam aqui as necessárias condições, do contrário o fenômeno não se produzirá. Eles, os do Além, reclamam a nossa cooperação, tanto quanto nós pedimos a deles. Somos cooperadores passivos, eles ativos. Precisamos de um indivíduo, o médium, possuidor de certas forças ou substâncias vitais, mais dilatadas do que normalmente o são. A essas forças os assistentes acrescentam, em suplemento, as suas forças ou vitalidade normais.

Tal a nossa parte na operação; o resto é feito pelos que conosco trabalham do outro lado do véu. À medida que as minhas investigações prosseguiam, mais me impressionavam as complicações do processo empregado no mundo espiritual para que se estabeleçam as condições indispensáveis a tornar possível a comunicação. Um grupo de Espíritos destros em manusear substâncias químico-orgânicas trabalha juntos de nós. Logo que nos reunimos, esses Espíritos se aprestam a executar a parte que lhes cabe do trabalho. O grupo se compõe de um diretor das operações e de um ou mais químicos, de um para mover a trombeta na direção do Espírito que quer falar, de um para reunir as substâncias com que contribuem o médium e os assistentes, a fim de combiná-las com o auxílio do químico, que delas tira o material necessário e que se estende do médium e dos assistentes até a um ponto central. A substância tirada de um e outros, o químico a deita num recipiente etéreo, ao qual adiciona as substâncias etéreas que extrai de si mesmo. Outro, do grupo, ajuda os Espíritos recém-chegados a falar, ensinando-lhes o que devem fazer. Outros conduzem os Espíritos para dentro do círculo e Whitefeather, a quem já me referi, um Pele-Vermelha, se considera o mais importante de todos, porque é o encarregado de avisar quando uma sessão se realiza, a fim de que os operadores se achem presentes e em seus postos.

Fica assim descrito, de forma geral, o *modus operandi* da voz independente, tanto do lado físico, como do lado etéreo da vida; porém, realizadas as condições necessárias, qual a explicação de tudo o que ocorre?

Primeiramente, temos que lhes aceitar a afirmativa de que o corpo etéreo é, em todos os pontos, uma reprodução do corpo físico, com relação quer aos órgãos internos, quer aos externos. Na vida espiritual, a comunicação se dá do mesmo modo que na vida terrena. Lá também os órgãos vocais fazem vibrar a atmosfera do plano onde funcionam, a língua se move, os pulmões respiram e expelem um equivalente do nosso ar, passando-se cada coisa como se passa aqui na Terra, com a única diferença de que tudo se verifica dentro de uma matéria de estrutura muito mais delicada e de uma ordem de vibrações muito mais rápidas. Daí vem que os órgãos vocais deles, capazes de funcionar no mundo etéreo que lhes é próprio, não podem fazer outro tanto no nosso mundo mais grosseiro. Seus tecidos são por demais finos para poderem produzir qualquer efeito na nossa atmosfera. Faz-se necessário, para isso, que se estabeleçam condições especiais, em que as suas vibrações se tornem mais baixas. Para obtê-las, é indispensável a obscuridade completa, ou uma luz vermelha muito fraca, porquanto os raios da luz branca inutilizam e desintegram as forças e substâncias delicadíssimas com que eles operam. Os melhores resultados se conseguem em noites claras e com a atmosfera isenta de umidade. Para que as condições sejam as mais propícias a permitir que as falas se produzam excelentemente, é preciso, além do que já ficou dito, que os assistentes gozem boa saúde e sejam entre si harmônicos.

Imaginemos agora que estamos sentados em círculo e conosco o médium; que, cantando, pusemos em vibração a atmosfera, durante cerca de um quarto de hora, e que, de repente, uma voz nítida, distinta e distante do médium ressoa sobre nós e, após declinar um nome e mencionar uma residência na Terra, trava conversação com um dos do círculo. Que é o que então se dá? Esta a questão que mais me preocupou, desde que me acostumei àqueles singulares fatos. Estaria o médium a personalizar alguém, ou aquilo era feito por um comparsa dissimulado entre os assistentes? Por muitas razões, pude reconhecer que a voz não provinha de nenhum ser humano; que ali estava a falar uma personalidade invisível, não deste mundo, mas presente na sala. Dispus-me, em conseqüência, a descobrir a causa determinante de tal efeito e, por uma série de perguntas e respostas, durante certo tempo, foi-me dito o que se segue e que, por amor à brevidade, reproduzirei com palavras minhas.

O químico, a quem já aludi, depois de misturar com os seus próprios ingredientes as substâncias que obtém do médium e dos assistentes, toma do preparado resultante e com ele, primeiro, materializa suas mãos, depois do que fabrica uma máscara tosca, com partes semelhantes a uma boca e uma garganta. Essa máscara ele a coloca em lugar adequado, as mais das vezes no centro do círculo. O Espírito que quer falar, toma dessa máscara, onde é lenta a vibração, e com ela reveste ou cobre sua boca, língua e garganta. Esses órgãos se tornam então mais densos ou pesados, exigindo a língua maior esforço para mover-se, o que, afinal, com um pouco de prática vem a ser fácil. Aí, o Espírito se pôs, momentaneamente, em condições de fazer de novo o que fazemos nós, na medida de sua capacidade para formar palavras. Ele volta a ser, para essa circunstância, um habitante da matéria, de vibração lenta, de sorte que, quando fala, produz sobre a nossa atmosfera os mesmos efeitos que nós, quando falamos. Achamo-nos, ele e nós, na mesma sala, a pequena distância um do outro, ele de pé a nos falar e nós sentados, a responder-lhe. Ouve-nos e nós o ouvimos. Essa situação dura pouco tempo, não mais, em regra, de cinco minutos, ao cabo dos quais começa a desmaterialização, por enfraquecimento do material, e, conquanto a boca continue a falar, nada mais se ouve. Isto, abreviadamente, o que eles definem, dizendo que se adaptam às condições terrenas do nosso ambiente. Todos os médiuns de voz direta possuem uma certa força ou substância vital, bem como os assistentes, embora, estes, em grau menor, força ou substância à qual os Espíritos químicos adicionam outras forças ou substâncias etéreas, formando com semelhante combinação um material de vibração suficientemente lenta, para fazer vibrar a nossa atmosfera. Só o que não podemos compreender é como o Espírito se reveste desse material, ou o absorve (1). Qual o efeito que realmente se produz, quando o Espírito sobre ele atua e com ele se cobre? Sem dúvida, acharei, algum dia, a explicação; por agora, o que escrevo é, em substância, o que me foi dito. Ao pedir maiores detalhes, responderam-me que eu não entenderia e que me devia contentar com as informações que me haviam dado. *Muitas vezes hei colado meu ouvido à boca do médium e nada mais ouvi, além da sua regular respiração, no momento mesmo em que uma voz falava a algum dos presentes e eram todos amigos meus pessoais os que assistiam às sessões da Glasgow Society for Psychical Research (Sociedade de Glasgow para Pesquisas Psíquicas).*

De uma feita, disse-me o comunicante que o laringe do médium estava sendo utilizado e que sua voz era trazida, por um tubo psíquico, para a trombeta, que a ampliava de modo a podermos ouvi-la. Por outras palavras: que ele se estava servindo dos pulmões, do laringe e da boca do médium, para evitar uma materialização especial desses seus órgãos.

Ulteriores respostas tornaram mais claro o ponto. Quando uma voz fala pela trombeta, nem sempre independe do médium: nem sempre provém de uma entidade materializada no centro do círculo. A força não é, em todas as ocasiões, bastante para sustentar esse modo de

(1) **Nota da Editora Brasileira:** Ver "Missionários da Luz", de F. C. Xavier, Cap. X.

comunicação durante a sessão inteira. Acontece então o seguinte: o Espírito que quer falar "controla" o médium e fala através dele. Todavia, não exerce sobre o médium a mesma ação que os seus guias habituais e, por isso, a voz que se produz não passa às vezes de um sussurro. Por meio de um tubo psíquico ou ectoplásmico materializado, a voz é dirigida para a trombeta que a amplia até poder ser ouvida. O Espírito que nessas circunstâncias fala se coloca por detrás do médium, cujo Espírito, enquanto dura a comunicação, se conserva afastado de seu corpo, ou, noutros termos, o médium cai em transe, ficando o Espírito comunicante apto a lhe influenciar os órgãos vocais. Há um elo conector, magnético, etéreo ou psíquico, que causa sobre os músculos do médium efeito idêntico ao das ondas atmosféricas sobre as duas pontas de um diapasão, afinadas no mesmo tom. Assim como as vibrações de uma atuam sobre a outra, também atuam reciprocamente sobre si as das duas sedes dos órgãos vocais, donde resulta atuarem em uníssono esses órgãos, no espírito e no médium. Assim, o que diz o espírito diz o médium, trabalhando harmônicos os dois órgãos.

Este esclarecimento me satisfez até certo ponto; mas, a questão era saber como se produzia o som. Nossos lábios formam as palavras, nossos laringes ocasionam os sons. Perguntei então que era o que causava o som e foi-me respondido que o laringe do médium era utilizado para isso e que o som vinha dele para a trombeta, por meio do tubo psíquico. Tornava-se, portanto, claro que o que vinha do médium para a trombeta não era o ar de seus pulmões. O laringe é utilizado para produzir o som, porém, não por meio do ar passando pelas cordas vocais. A atmosfera, eles a fazem vibrar por um método que lhes é próprio e disseram-me que aceitasse como real o fato de ser o laringe empregado para produzir o som e de ser este trazido do Espírito que fala para a trombeta.

Não se trata, declarou o meu informante, dessas mensagens que de algum modo sofrem a influência mental do médium, porquanto, no caso em apreço, a sua mente de nenhum modo intervém. Eles não atuam através da mente do médium, mas, diretamente, sobre os seus órgãos vocais. A mente do Espírito se acha completamente controlada e o cérebro do médium constrangido temporariamente. O que, pois, ouvimos às vezes é a voz do médium através da trombeta, embora com um som inteiramente diverso do que lhe é habitual, por se achar ele em transe e pertencer essa forma de comunicação à mesma categoria das manifestações por meio do transe, salvo a circunstância de serem as vozes dirigidas para a trombeta e ouvidas partindo desta e não do médium. Não é preciso que a trombeta esteja junto à boca do médium, porquanto, segundo eles me disseram, fácil lhes é encaminhar a voz para aquele instrumento, fazendo-a passar por sobre o círculo. Segue-se que, nas sessões de Sloan, temos três formas diferentes de comunicação: primeiro, as manifestações pelo transe; segundo, as manifestações pelo transe com a trombeta; terceiro, a melhor de todas, vozes de Espíritos que materializam seus órgãos vocais e os respectivos pulmões e falam como o fazemos nós, sem qualquer ligação com o médium, a não ser pela substância ectoplásmica, necessária à materialização, e que eles tomam de empréstimo ao mesmo médium e aos assistentes.

A trombeta é acionada por meio de varetas materializadas, feitas de uma combinação dessas substâncias fornecidas pelo médium e pelos assistentes com as que o químico fornece. Também pode ser movida por uma mão materializada, servindo a extremidade mais larga para por ela introduzir-se no seu interior a boca materializada, a fim de que a voz tome a direção que deseje a entidade que fala, sem que lhe seja preciso deslocar o instrumento do lugar onde haja feito a materialização. O outro lado da trombeta pode ser usado como lhes convenha mais aos objetivos. Quando não se servem da trombeta, quer isso dizer que a substância é suficiente e bastante a força para que uma ou mais materializações se dêem, comumente nas proximidades da pessoa a quem o Espírito quer dirigir-se. Assim é que, em várias ocasiões, ouvi duas e até três vozes falando ao mesmo tempo a outras tantas pessoas.

Nem sempre, contudo, está presente a personalidade que se diz ser a que fala, visto como, para os Espíritos que já passaram pelo que se chama a segunda transição em esferas avançadas, difícil é, senão impossível, o comunicarem-se. Eles então transmitem suas mensagens aos que se encontram em esferas mais baixas, os quais, por sua vez, as passam a um que se ache presente à sessão. Isto, penso eu, é o que mais freqüentemente sucede, mesmo com os que ainda se acham nas esferas inferiores, desde que tenham dificuldade em comunicar-se, materializando seus órgãos vocais. Um irlandês, que em vida se chamou Gallacher, me disse que a maior parte do tempo, nas sessões, ele a ocupava em receber e transmitir mensagens. Apelidava-se a si mesmo de "aparelho telefônico".

Perguntei, de uma feita, se os órgãos vocais materializados podiam ser tocados e se tinham peso. Responderam-me que sim e que tinham o peso que nós, os assistentes, perdíamos durante a sessão. Se cada um de nós se colocasse numa balança, verificaríamos o decréscimo gradual do nosso peso no curso da sessão e também que, ao aproximar-se esta do seu termo, à medida que o ectoplasma fosse sendo reabsorvido, aquele peso nosso iria voltando ao normal. As experiências do Dr. Crawford e outros provaram a exatidão deste asserto. O ectoplasma que eles tiram dos assistentes não é utilizado, enquanto o químico não o mistura com os seus ingredientes, porque a materialização não se pode executar exclusivamente com o primeiro. Essa combinação ectoplásmico-etérea, disseram-me, é indispensável não só para a materialização, como também para que os que vivem a vida de Espírito possam mover quaisquer objetos físicos. Sem ela, nada podem eles movimentar. Os nossos corpos se compõem dos ingredientes de que eles tiram essa substância chamada ectoplasma. Foi-me impossível, no entanto, obter informações detalhadas sobre o que são os ingredientes químicos da substância que eles juntam ao ectoplasma. O químico não me as quis ministrar, dizendo que eu nada entenderia. Perguntei se os pensamentos do médium coloriam de algum modo as comunicações que se recebiam por meio da voz independente e a resposta foi: "Absolutamente não."

Acerca do que ocorre quando o médium fala em transe, explicaram-me que o Espírito que deseja falar toma daquele o ectoplasma e estabelece por esse meio o controle sobre os seus órgãos vocais. Pelo que diz respeito a Sloan, não lhe utilizam o cérebro. Sumariamente, é isto o que sucede: o ectoplasma forma o elo de conexão entre o Espírito e os órgãos vocais do médium e, quando o primeiro fala, estes se movem. Nesse caso, não se verifica a materialização da boca, do laringe e da língua; apenas os órgãos vocais do médium são empregados para, controlados pelo Espírito, fazerem vibrar a atmosfera e formarem as palavras que o mesmo Espírito articula.

Meu intento, neste livro, é dar uma explicação, simultaneamente lógica e racional, de como se processa o fenômeno da Voz Direta. Os fatos referidos nos três capítulos que se seguem não serão suficientes por si sós para convencer ao primeiro que passe desatento. Desde que, porém, ao mesmo tempo sejam explicados logicamente, muito menos difícil se torna a aceitação do fenômeno. Adotei todas as precauções para impossibilitar a fraude e a personificação e, por inquirições persistentes, obtive, com referência ao Mundo Etéreo, aos seus habitantes e à maneira como se dá a comunicação, explicações que devem satisfazer às exigências de qualquer pessoa. Isso, antes, ainda não fora conseguido, que eu saiba, de modo tão sistemático e é de assinalar que toda a minha vida tenho andado às voltas com fatos intrincados. Como homem de negócios, adquiri conhecimentos de Matemática e Economia, e, por outro lado, dediquei particular interesse à Física. Foi, pois, senhor de mim que entrei neste assunto e as informações que colhi tornam os fenômenos racionais e naturais, para todo aquele que não se ache escravizado a idéias preconcebidas, o que concorrerá, conseguintemente, para elevá-lo a um plano mais alto do pensamento e será uma outra alpondra acrescentada às que já tenham sido postas sobre científica base.

CAPÍTULO VII

A PROVA: TRÊS CASOS DA CLASSE «A 1»

> "Não se pode, em caso algum, destruir a prova testemunhal, a menos que haja evidência ou probabilidade de serem incompetentes as testemunhas, para julgar dos fatos de que dão testemunho, ou que, ao darem-no, acerca de um caso particular, se achem sob qualquer influência indireta. Enquanto, porém, isto se não demonstre, tem-se que aceitar o testemunho."
>
> **Butler**

Os capítulos antecedentes devem ser considerados uma introdução ao assunto deste livro. Vou agora ao cerne da questão, especialmente no que diz respeito à prova, porquanto é sobre a prova que tudo repousa e que os argumentos se erguem.

Poder-se-á objetar que, primeiro, deveria vir a prova, ficando para depois as deduções; acontece, porém, que, num caso como este, importa, antes de tudo, preparar o terreno, a fim de que, precipuamente, se admita a possibilidade da comunicação e compreensível se torne o que numa sessão ocorre.

Neste capítulo, sumariarei três casos que incluo na classe "A 1"; no seguinte, ocupar-me-ei com três da classe "A 2". Apresentá-los-ei em resumo, porque apenas disponho de espaço bastante para assinalar os pontos mais salientes de cada um.

Caso 1 da classe "A 1" — Levei comigo à casa de Sloan um irmão meu, logo depois de ter sido desligado do Exército, em 1919. Ele a nenhum dos presentes conhecia, nem foi apresentado. Também nenhum dos que lá estavam o conhecia, nem sabia que ele pertencera ao Exército. Tampouco sabiam onde estivera durante o período em que servira sob as armas. Como a sua saúde não lhe permitisse ir para longe, estacionara por algum tempo perto de Lowestoft, numa pequena aldeia chamada Kessingland e, depois, em Lowestoft mesmo, como instrutor de artilharia. Dadas estas explicações preliminares, passo a resumir o que consta nas minhas notas sobre este caso:

No correr da sessão, ouviu-se distintamente a corneta a mover-se ao redor da sala e várias vozes falaram por ela. De súbito, bateu em meu irmão no joelho direito e uma voz, bem à sua frente, disse: — "Eric Saunders." Perguntou meu irmão, se era a ele que a voz se dirigia. Resposta: "Sim." Replicou que devia haver algum engano, porquanto a ninguém conhecera com esse nome. A voz não era forte, pelo que alguém propôs que todos cantassem e, enquanto isso fazíamos, a trombeta bateu de novo em meu irmão no joelho, no braço e no ombro e com tanta insistência, que o levou a dizer: "Penso que será melhor cessarmos de cantar, porque está aqui alguém desejoso de me falar." Perguntou novamente quem era esse alguém e a voz, agora muito mais forte, repetiu: "Eric Saunders." Meu irmão, a seu turno, repetiu que a ninguém conhecera assim chamado e perguntou onde o encontrara quem lhe estava falando. A resposta foi: "No Exército." Meu irmão citou diversos lugares por onde andara: Aldershot, Bisley, França, Palestina, etc., mas cuidadosamente ocultou Lowestoft, onde permanecera a maior parte do tempo que passara nas fileiras. A voz respondeu: "Não, não foi em nenhum desses lugares. Conheci-o quando você estava *perto* de Lowestoft." Perguntou-lhe meu irmão porque dizia — "*perto* de Lowestoft" — e obteve como resposta: "Você não estava então em Lowestoft, mas em Kessingland." Era esta uma aldeia de pescadores, cerca de cinco milhas ao sul de Lowestoft, e lá atravessara meu irmão parte do ano de 1917.

Perguntou à voz de que companhia fizera parte e, como não pudesse perceber se ela dizia "B" ou "C", inquiriu se se lembrava do nome do comandante da companhia. Respondeu o comunicante: — "Mac-Namara." Era o nome do oficial que comandava a companhia "B", naquela ocasião. Para ter uma contraprova, quis meu irmão dar a supor que conhecia quem lhe falava e disse: "Ah! sim, você era um dos meus artilheiros da bateria Lewis, não?" Resposta: — "Não, você não tinha mais as peças Lewis; elas eram Hotchkiss." Absolutamente exato, por isso que os canhões Lewis lhes haviam sido tirados em abril de 1917 e substituídos por peças Hotchkiss. Meu irmão dirigiu à voz ainda duas ou três perguntas capitais, como: qual o nome do seu alojamento (dele inquirente), ao que Saunders respondeu com exatidão, acrescentando: — "Tivemos lá ocorrências dignas de nota; lembra-se da inspeção do General?" Meu irmão riu-se e retrucou que a guarnição era continuamente inspecionada por generais; não podia, portanto, saber a qual das inspeções se referia Saunders, que logo obtemperou: — "À do dia em que o General fez que todos corrêssemos acelerado em torno dele com as peças." Foi um incidente de que meu irmão se lembrava perfeitamente bem e que na ocasião divertira muito os homens. Saunders também disse que fora morto na França e meu irmão lhe perguntou quando se dera isso. Respondeu que em agosto de 1917, na "Grande Remessa". Perguntou-lhe meu irmão por que chamava àquilo "Grande Remessa". Em resposta inquiriu a voz, a seu turno: "Não se lembra da Grande Remessa, quando o Coronel fez um discurso às forças em parada?" Referia-se a um excepcionalmente grande envio de tropas feito aquele mês para a França, única ocasião em que meu irmão se recordava de haver o Coronel ido pessoalmente dizer adeus aos seus homens. Continuando, Saunders agradeceu a meu irmão a instrução, que lhe dera, do manejo da artilharia, a qual, disse, lhe servira de muito na França. Perguntou-lhe meu irmão por que viera ali falar-lhe e ele disse: — "Porque nunca me esqueci de que você certa vez me prestou um grande favor." Meu irmão tinha vaga reminiscência de haver obtido licença excepcional para um dos artilheiros, devido a circunstâncias especiais; não se recordava, entretanto, se o artilheiro se chamava ou não "Saunders".

Cerca de seis meses depois do fato narrado acima, estando meu irmão em Londres, encontrou-se com o cabo que fora seu assistente de artilharia ligeira, no batalhão, por aquela época; narrou-lhe o caso que venho de relatar e perguntou se ele se lembrava de algum soldado de nome "Eric Saunders". Tendo sido, quase dois anos, instrutor de artilheiros, que se sucediam em turmas de doze, mais ou menos, cada quinze dias, depois de os submeter a exame e a uma inspeção geral, meu irmão os deixava, sem haver jamais estabelecido, com qualquer deles, relações pessoais que lhe facultassem lembrar-se de seus nomes. O cabo, não obstante conviver mais com os artilheiros, de nenhum tinha lembrança que assim se chamasse. Felizmente, porém, na tarde do seu encontro com meu irmão, trazia no bolso um velho calepino, em que costumava outrora escrever os nomes dos que estavam recebendo instrução militar, além de outras notas. Sacou-o do bolso e os dois se puseram a examiná-lo, até que chegaram a umas anotações relativas à Companhia "B", no ano de 1917. Logo deram ali com esta: "Eric Saunders, p. h. agosto de 17", riscada a tinta vermelha por cima. P. h. significava: plenamente habilitado; mas, embora soubesse o que queria dizer o traço a tinta vermelha, meu irmão perguntou ao cabo qual o significado daquele risco. Ele respondeu: "Não se lembra, Sr. Findlay, que eu sempre riscava a vermelho os nomes dos que morriam? Isto quer dizer que Saunders morreu em agosto de 1917."

Infelizmente, meu irmão não perguntara a Saunders qual o seu regimento e, assim, não me foi possível proceder a investigações sobre sua morte, visto como, sem essa indicação, não pôde o Ministério da Guerra fornecer-me quaisquer pormenores a respeito, dado que para mais de 4.000 homens de nome Saunders tombaram nos campos de batalha. A Lowestoft vinham eles de todo o país, para receberem instrução, de sorte que meu irmão não podia lembrar-se do regimento a que pertencera Saunders.

Sem embargo dessa circunstância, é notável este caso, porquanto escapa a toda explicação pela fraude, pela telepatia, pela criptestesia. Não só nenhum dos presentes conhecia a meu irmão, como este não conhecia a entidade que lhe falava, tanto que ainda hoje não pode lembrar-se dela, pela razão de que centenas de homens foram instruídos por ele, a quem todos conheciam, mas que não tivera oportunidade de os ficar conhecendo individualmente. O presente caso contém catorze fatos distintos e exatos, cada um dos quais ressalta do meu padrão "A 1". Alguns clarividentes que assistiram à sessão declararam ter visto Saunders em pé defronte de nós a falar, acrescentando que o viram sorrir, ao saudar meu irmão, antes de deixar-nos.

Caso 2 de "A 1" — Um dia, estando eu de visita ao Rev. John Lamond, meu amigo, dei com um quadro a óleo sobre a escarpa do seu fogão. Observando-o, declarou-me ele ser uma pintura feita em transe, pelo pintor David Duguid, falecido no princípio deste século. "Tem uma história esse quadro", disse o meu amigo e acrescentou: "Obtive essa tela quando, uma vez, há muitos anos, visitei David Duguid, em Glasgow; como minha família não acreditava nesse método de pintar, guardei-a numa caixa de folha-de-flandres."

Passados alguns anos, morto Duguid, meu amigo foi a uma sessão de voz direta, em Londres, e uma voz lhe falou, mencionando o nome David Duguid. — "O senhor certamente nenhum valor deu à minha pintura, Dr. Lamond", disse David. — "Por quê?", perguntou meu amigo. — "Se lhe houvera dispensado algum apreço, não a teria metido numa caixa em seu quarto." Meu amigo esquecera onde havia posto a tela; mas disse a Duguid que a procuraria e colocaria sobre o seu fogão. Tal qual o dissera Duguid, a pintura lá estava e meu amigo a dependurou naquele lugar.

Essa a história que me contou o Rev. Lamond, quando o visitei em Edimburgo. A ninguém a comuniquei e o meu amigo não conhecia a Sloan. Agora o seguimento. Algum tempo depois de me ter sido narrada a história daquela pintura, encontrei, numa sessão em casa de Sloan, um Sr. Robinson, parente do Dr. Lamond, mas que nunca ouvira a aludida narrativa, não obstante conhecer muito o dono da tela. É que este raramente falava do fato a quem quer que fosse, por ser muito escrupuloso no que concerne a um assunto em que seus parentes e amigos não acreditavam. Nada obstante, o Sr. Robinson foi comigo uma noite à casa de Sloan e sentou-se a meu lado, sem ser apresentado a pessoa alguma. Antes, nunca vira Sloan e este certamente não o conhecia.

Foi ele, entre todos, o primeiro a obter notável prova. Uma voz forte bradou, declinando-lhe o nome. Disse: "Sr. Robinson, sou David Duguid; diga a seu amigo Dr. Lamond, 18, Regent Terrace, Edimburgo (exato), que lhe estou muito grato, por haver cumprido a promessa que me fez, colocando a minha pintura sobre o seu fogão." O Sr. Robinson ficou muito espantado e me disse:

"Não sei do que está falando." Eu, porém, que sabia da história, prometi a Duguid que transmitiria o seu recado, pelo que ele me expressou seus agradecimentos.

Este é outro caso de prova inteiramente satisfatória, que posso incluir na minha classe "A 1" e que não admite qualquer explicação, a meu ver, que não a de ter sido a personalidade de Duguid que ali, presente, falou. Porque, de que modo outro poderia semelhante recado ser transmitido?

Caso 3 de "A 1" — O último caso "A 1", que relatarei, diz respeito a uma dama, a Sra. Wood Sims, a quem levei comigo uma noite à casa de Sloan. A sessão estava marcada para as 7h15m; de caminho para lá, procurei aquela senhora e perguntei-lhe se gostaria de ir comigo. Às 7h10m, ela, que se aprontara rapidamente, partiu em minha companhia. Conversando, informou-me, incidentemente, de que acabava de voltar de uma visita a amigos seus residentes na Inglaterra e a ouvi dizer a mesma coisa a alguém, momentos antes de começar a sessão, mas sem entrar em pormenores, *per acidens.*

Durante a sessão, uma voz lhe falou declinando o nome do falecido filho do amigo por ela visitado e dizendo: — "Eu a vi quando confortava o pai dele, em Leeds." Várias outras vozes lhe falaram, dando seus nomes e enviando recados ao seu amigo de Leeds. Duas lhe eram desconhecidas; ela, porém, declarou que transmitiria a seu amigo o que lhe acabavam de dizer.

Disse-me, mais tarde, a Sra. Wood Sims que o seu amigo lhe respondera que havia conhecido na Terra todas aquelas pessoas e que suas mensagens lhe eram perfeitamente inteligíveis. (Posteriormente encontrei esse senhor, que confirmou o que me dissera aquela senhora.) Também lhe falou, na mesma ocasião, um irmão seu, chamando-lhe "Ana", nome que somente ele lhe dava, porquanto ela nunca assim se chamou. Disse a voz que seu nome era

"Will", mas, para ela, "Bill", como de fato, e repetiu com exatidão e pormenorizadamente alguns conselhos que lhe dera antes de morrer. "Se os tivesse seguido, quão diferente houvera sido a tua vida", acrescentou. "É absolutamente verdadeiro", disse-me a minha amiga, passado algum tempo. Finalmente, ele materializou o rosto à sua vista e ela me afirmou que era, com todas as particularidades, o que lhe conhecera em vida.

Aqui temos registrados catorze fatos de "A 1", e os casos que acabo de relatar, em que se contam trinta e quatro fatos da mesma classe, são apenas três entre muitos. Importa lembrar que nas minhas notas se acham registrados uns cento e oitenta fatos, cada um tão apreciável quanto os que venho de referir.

Com relação aos três casos acima, a hipótese de fraude tem que ser excluída, dadas as precauções que tomei. Que é então, e por outras palavras, que se pode conjeturar da parte do médium? Um matemático eminente, calculando as chances de interpretar corretamente todos os fatos registrados, achou que o ter alcançado semelhante exatidão representa o equivalente de 1 para 5.000.000.000.000, ou, em outros termos, que a proporção é de 5.000.000.000.000 para 1, relativamente à possibilidade de encontrar-se outra explicação. Assim sendo, dificilmente poderemos considerá-la.

CAPÍTULO VIII

MAIS PROVAS: TRÊS CASOS DA CLASSE «A 2»

"A verdade nos vem ao encontro a passos lentos, mas seguros; depois de medir o terreno, avança, volvendo freqüentemente para trás o olhar, a fim de verificar se tudo, nas suas pegadas, continua bem, e com vista penetrante escolhe a senda por onde seguirá."

Percival

Resumirei agora três casos que classifico em "A 2", porque não são exatamente da mesma categoria dos que reuni na classe "A 1", embora não se deva concluir daí que as informações constantes deles se hajam obtido pelos meios normais. O que quero dizer é que uma parte de tais informações poderia ser conseguida normalmente, e, assim, livre fica o campo aos críticos para desse modo o explicarem.

Caso nº 1 de "A 2" — Combinei com Sloan uma sessão para certa noite, na sede da nossa Sociedade em Glasgow, e disse-lhe o nome de um amigo meu que iria comigo. Diante da maneira por que as coisas correram, deplorei tê-lo dito, porquanto, a não ser isso, teríamos tido um admirável caso "A 1". O meu amigo viera de Londres e sua mulher o acompanhara. Era bastante conhecido como espiritista e como notabilidade em finanças. Seu nome, sua especialidade e pormenores de família constavam no "Registro de personalidade e atividades".

Esta circunstância por si só não explicaria tudo o que com ele se passou na sessão; mas, o fato de ser muito conhecido o seu nome obsta a que se classifique o caso em "A 1". Todavia, pelo menos sete vozes lhe falaram e à sua mulher, aludindo a assuntos familiares, mencionando nomes de pessoas da família de ambos e mostrando particular conhecimento da vida social e íntima dos dois. Disse-me ele depois que, se bem estudasse os fenômenos psíquicos havia vinte anos, considerava aquela a mais demonstrativa e interessante de todas as sessões em que já tomara parte.

Caso nº 2 de "A 2" — Morrera uma senhora de minha amizade e pertencente a uma família bastante conhecida, pelo que o *Glasgow Herald* deu do seu óbito extensa notícia, em que referências eram feitas a seus descendentes e ascendentes. Esta circunstância me forçou a incluir o caso na categoria "A 2", embora eu esteja certo de que nada na mente do médium havia que estabelecesse qualquer ligação da dita senhora comigo, ou com a minha família. Sloan, tenho certeza disso, ignorava que eu a conhecesse, nunca lhe ouvira o nome e nada sabia a seu respeito, nem de seus parentes; mas, como alguns críticos entendem que um caso perde todo o valor probante, desde que a informação dada se possa colher em qualquer publicação existente, coloco este, de boamente, na classe "A 2".

Uma semana após o funeral, numa sessão que alguns amigos meus pessoais e eu realizamos com Sloan, na sede da nossa Sociedade, um filho, chamado Cecil, da aludida senhora, morto na guerra, falou a meu irmão, dizendo que agora se sentia muito feliz, porque tinha consigo sua mãe. Perguntei-lhe se ela estava presente e respondeu-me que sim; porém, ainda não de todo consciente de haver passado ao outro plano da vida. Perguntei se ela me podia falar e obtive resposta afirmativa.

Entretanto, a conversação que manteve comigo evidenciou que seu espírito ainda não se compenetrara da mudança que havia experimentado. Disse que queria o marido, cujo nome declinou com toda a exatidão; referiu-se, também de modo exato, à sua enfermidade e manifestou o desejo de saber o que sucedera. Devo assinalar que nada fora publicado acerca da moléstia de que ela sucumbira, da qual só tinham conhecimento poucos amigos íntimos. Expliquei-lhe o que lhe acontecera, que passara a habitar o mundo espiritual, que deixara de viver neste mundo de matéria física, que com ela se dera isso a que chamamos morte e acrescentei: "Não reconhece quem se acha a seu lado?", aludindo ao filho que pouco antes me falara. "Não", respondeu, "a ninguém posso ver". Interveio o filho: "Minha mãe ainda não me pode reconhecer." Falou-me depois em seu pai, dizendo-me coisas que, mais tarde, consultando alguns livros citados, verifiquei exatas. Também falou um seu irmão, dando com precisão o nome e mencionando o lugar onde vivera na Terra.

Já quase ao termo da sessão, depois de falarem outras vozes, a mesma senhora voltou e perguntou-me: "O senhor não tem visto Cecil?" — Respondi: "Não." Ao que ela inquiriu: "Onde estará ele?" Logo, porém, sua voz mudou extraordinariamente, passando do tom de tristeza ao de alegria e eu lhe ouvi exclamar: "Oh! Cecil, meu querido, meu amado filho!" Fez-se silêncio. Decorridos alguns minutos, outra voz falou assim: "Ele a leva consigo; em breve ela estará perfeitamente bem."

Participara eu assim de um grande drama. Tivera a fortuna de testemunhar a única experiência em que se verificaram a volta de um dos que o mundo qualifica de "mortos" à consciência da sua condição e o seu encontro com um filho também "morto", isto é, que no pensar do mundo dera a vida pela pátria. Fui testemunha, quando o primeiro vivia na Terra, da dor imensa que a pungiu, ao saber que lhe morrera o único filho, bem como da sua admirável coragem nesse transe; fui ainda testemunha do ato final, em que os dois se reuniram no Além. Quanto me houvera aprazido referir a seu consternado esposo o que se passara na minha presença; bem sabendo, porém, que seria inútil, contive-me. Descrever em poucas palavras um fato que levou duas horas a desenrolar-se, traduzir as singulares impressões que cada um dos presentes recebeu, é, decerto, impossível.

O círculo se compunha exclusivamente de amigos meus pessoais, tendo-se a sessão realizado na sede da nossa Sociedade, e todos ficaram profundamente abalados, sobretudo minha mulher, que conhecera muito a senhora em questão. Fosse Sloan um grande ator, conhecesse intimamente as personalidades de que se trata, bem como tudo o que lhes dissesse respeito à vida familiar e não seria capaz de efetuar com tanto êxito tão diversas personificações. A verdade, entretanto, é que ele nada sabia, quer da senhora, quer de seu filho, nem da amizade que me ligava a ambos.

Caso nº 3 de "A 2" — Este é um caso todo particular. Classifico-o em "A 2", porque não é inteiramente probante. Menciono-o, contudo, porque não lhe posso atribuir outra origem, senão a supranormal. Direi, a título de explicação, que, do outro lado, um grupo de cientistas tomou grande interesse pelas minhas investigações e lhes prestou todo o auxílio possível. Posteriormente, acrescentarei alguma coisa de interessante, com referência às opiniões que eles por vezes externaram. Huxley, Faraday, A. Russel Wallace e outros dos aludidos cientistas foram os primeiros a tomar a iniciativa de me falarem, depois que levei Sloan a Londres para ver uma senhora e um senhor que conheceram pessoalmente alguns deles. Logo após esse fato, a senhora a que me refiro assistiu a duas sessões seguidas com Sloan, em Londres, nas quais Huxley e outros sábios se manifestaram, exprimindo bons votos e congratulações a ela e a seu marido, pela firmeza com que sustentavam em público a questão da sobrevivência. Huxley e os demais evidentemente se puseram em relações comigo, porquanto, dali em diante, repetidas vezes me falaram, principalmente aquele, dando-me excelente prova de identidade, por maneira muito completa. Também o seu aspecto pessoal me foi minuciosamente descrito.

Menciono estes fatos para dar a razão por que tanta atenção me dispensou o mencionado grupo; mas o leitor reconhecerá que devo caracterizar a minha narrativa, dizendo que apenas atribuo valor ao que os seus componentes disseram, por provir de personalidades sobreviventes, cujos nomes ficaram notáveis na Terra. Falando com aqueles a quem jamais conhecemos, não temos os contactos pessoais, que tão convincentes se tornam, quando são amigos que nos falam. Contarei agora a minha história.

A 10 de dezembro de 1923, recebi de Sloan um bilhete em que dizia: "Ao escrever estas linhas, sinto a influência de um homem calmo que diz, junto de mim: — "Escreve ao Sr. Findlay que não tenha receio; velaremos por que ele se saia bem das reuniões que vão seguir-se e o traremos inteiramente informado sobre todos os assuntos, antes de cada sessão." "Parece-me ter sido *Raleigh*, o nome que me deu." Foram estes os termos do bilhete que Sloan me mandou; quero dar-vos a conhecer como ele deletreou o nome.

Reunimo-nos na noite seguinte e, no escuro, antes de cair em transe, ele me descreveu um homem que se achava a meu lado. Depois, disse estar vendo letras a brilharem por sobre a minha cabeça, sem que lhe fosse possível juntá-las em palavras. Pedi-lhe que as lesse uma a uma, que eu as iria escrevendo. Ele prontamente o fez, soletrando-as nesta ordem: *hgielyarmai*. Ponderei-lhe que nada podia eu construir com essa reunião de sinais alfabéticos e já depunha o lápis sobre a mesa, quando ele obtemperou: "Há mais alguma coisa", e soletrou rapidamente — *sdrawkcabdaer*. Anotei. Aquilo me era absolutamente ininteligível, e já desviava dali o pensamento, quando Sloan caiu em transe e, de par com outros, falou um, dizendo ser Huxley e me comunicou, entre outras coisas, que estava presente o grupo de cientistas. Finda a sessão, tornei àquela mistura de letras que eu anotara e vi que, lendo-as de trás para diante, o que se achava escrito era — *I am Rayleigh, read backwards* (eu sou Rayleigh, lê às avessas). Nada havia de probante em tudo isso; porém, Lord Rayleigh foi um cientista muito conhecido, primeiro presidente da Royal Society (Real Sociedade) e da Society for Psychical Research (Sociedade de Pesquisas Psíquicas) e devia ser um dos do grupo de cientistas que Huxley declarara estar presente. Sloan, no seu bilhete, escrevera *Raleigh*, em vez de "Rayleigh", e, perguntando-lhe eu, depois da sessão, como escrevia Rayleigh, ele o fez da mesma forma. Disse que nunca ouvira falar de Lord Rayleigh e jamais conhecera nome algum que se soletrasse *Rayleigh*. Achei notável a rapidez com que grafou às avessas a mensagem. Inquirindo-o, posteriormente, verifiquei que o homem calmo que ele vira a meu lado e me descrevera tinha a figura do falecido Lord Rayleigh.

Embora não seja comprobativo, é um caso interessante este e só como tal o menciono. Tudo o que dele consta se pode explicar normalmente. Procurando saber qual o aspecto de Rayleigh e de que maneira poderia descobri-lo, lembrei-me de que, meses antes do incidente narrado acima, eu lera, no *Daily Telegraph*, algumas notas escritas por William Barrett sobre Lord Rayleigh, nas quais era este apresentado como "um homem calmo". Convicto, como estou, pessoalmente, de que Sloan é honesto, não cito isso como explicação; ao demais, fora mister uma retentiva verdadeiramente excepcional para recordar fragmentos de escritos sem conexão alguma e de tal coisa Sloan carece: sua memória é positivamente má.

Penso haver fornecido elementos bastantes para que se veja como foi que classifiquei ou analisei a informação que recebi. Já disse que 83 vozes diversas me falaram ou a meus amigos. Obtive 180 informações distintas, acerca das quais eu, na ocasião, nada sabia, mas que ulteriormente verifiquei exatas. Apenas não verifiquei uma, porque não encontrei meios de fazê-lo e só uma não se me revelou substancialmente certa.

Essas informações comprobantes não se acham incluídas entre as comunicações constantes dos capítulos X, XI e XII, intitulados "Noites de Instrução", comunicações que, se bem instrutivas e interessantes, não se podem considerar probantes. A prova, em pesquisas psíquicas, para se revestir de valor, precisa conter informações cujo conhecimento se reconheça impossível ao médium tê-lo conseguido e a melhor de todas as provas é a informação desconhecida do médium e daquele que a recebe e que, depois, se vem a reconhecer exata. Muito do que fica registrado no presente capítulo e nos anteriores, bem como no que se lhe segue, pode legitimamente ser incluído nessa última categoria.

CAPÍTULO IX

AINDA MAIS PROVAS

"Alguma coisa haverá, feita por Deus, que a investigação possa comprometer? Quem sofreu abalo diante do telescópio de Galileu: o sistema de Universo, ou os monges? Terá a circulação do firmamento parado, presa de terror, por lhe haver Newton posto ousadamente o dedo em cima?"

Lowell

Nas páginas precedentes, registrei provas por mim mesmo obtidas; porém, as mais apropriadas, para convencer, são as que obtiveram outras que me acompanharam, por vezes anonimamente.

O Sr. Mc Cully (1), de Glasgow, gentilmente me concedeu permissão para lhe citar o nome e mencionar algumas de suas experiências. Ele é um arguto e ponderado homem de negócios, que só gradativamente chegou a crer na realidade dos fenômenos psíquicos, depois de haver testemunhado fatos que não conseguiu explicar, senão admitindo que as informações provinham da fonte que lhe era indicada.

Eu poderia relatar numerosas experiências a que outros amigos meus procederam, mas para isso teria que

(1) Nas primeiras edições deste livro, pus o seu endereço; mas, tão incomodado ele foi com chamados e cartas inquirindo da residência de Sloan, que tive de omiti-lo nesta e o omitirei nas futuras edições, a pedido seu.

escrever uma obra em muitos tomos. Limitar-me-ei, pois, a apresentar, encerrando estes capítulos consagrados às provas, alguns casos quc o mesmo Sr. Mc Cully registrou em seu caderno de notas e autenticou com a sua assinatura.

Dezoito anos esteve ele a trabalhar intimamente com Sloan, sendo muitas e variadas suas experiências. Quando lhe pedi que me fornecesse algumas, respondeu-me que a dificuldade estava em escolher os casos que se pudessem considerar mais probantes, no imenso acervo de provas que obtivera durante aqueles anos. Foram, nada obstante, escolhidos os seguintes:

Escreve o Sr. Mc Cully: — Uma das mais vívidas e impressionantes mensagens que recebi veio-me de um irmão meu chamado Johnny, que morrera repentinamente, na idade de doze anos. Era o mais moço de todos nós e, sem dúvida, a menina dos olhos de nossa mãe. Pouco depois da morte desse filho, ela foi para a Austrália. Em todas as cartas que me escreviam dali, meus outros irmãos falavam de sua dor e do seu abatimento. Pois bem: Johnny se me manifestou numa das minhas sessões com Sloan.

Depois de estabelecer a sua identidade, perguntei-lhe se sabia onde estava sua mãe. — "Sei", respondeu; "acabo de deixá-la neste momento. Está tomando chá no tombadilho de um grande transatlântico." Atravessou-me o cérebro este pensamento: "Estará de regresso?" Essa pergunta mental ele decerto a leu em meu cérebro, porque logo disse: — "Não; penso que não. Escreve-lhe, dizendo que não se aflija tanto, que suas amarguras me fazem muito mal, porque não poderei ser feliz, enquanto ela sofrer." Ora, essa mensagem não me era compreensível. Eu não podia entender o que fazia minha mãe num grande transatlântico, desde que não viajava de regresso a sua casa. Entretanto, sem demora escrevi a mensagem de Johnny e mandei-a para Perth, na Austrália ocidental.

Uma semana ou duas depois, recebi uma carta em que um de meus irmãos dizia que, tentando tirá-la do desânimo em que vivia, lhe comprara passagem num vapor que ia fazer a volta à Austrália e que, no curso desse passeio, ela visitaria uma filha em Sydney. Nesta cidade, a filha levou-a a um médium, pelo qual obteve, com as mesmas palavras, uma mensagem idêntica à que eu recebera e na qual meu irmão lhe dizia que não a afligisse tanto, porque o fazia desditoso.

Passado algum tempo, saindo eu de casa pela manhã para o trabalho, encontrei o carteiro, que me sabia sempre à espera de cartas da França onde tinha três irmãos servindo no Exército. Entregou-me ele um envelope, que imediatamente abri. Continha um telegrama, comunicando-me que minha mãe morrera. Resolvi nada dizer a ninguém, esperar e ver o que sucederia.

Havia três meses que não me avistava com Sloan e naquele mesmo dia recebi um aviso seu de que à noite realizaria uma sessão. Compareci. Faziam parte do círculo três ou quatro ministros da Igreja e diversas vozes lhes falaram; uma, especialmente, parecia empenhada em relembrar tudo o que dizia respeito à sua olvidada congregação, mencionando com a maior exatidão nomes e endereços.

Já quase no fim da sessão, tomei da mão do médium e, dirigindo-me ao seu guia, disse: — "Vem, White; não tens sequer uma palavra para este velho amigo?" Respondeu ele: — "Vá-se embora, chefe Cully; não lhe quero falar." Perguntei: — "Oh! que fiz eu?" Ele, porém, insistiu: "Não lhe quero falar." Como eu persistisse em retê-lo, a senhora Sloan, que era clarividente, disse: — "Não o atormente; ele não lhe quer falar." Apesar disso, teimei e ela então disse: — "Está presente uma senhora que passou toda a sessão em pé, atrás da sua cadeira." Aí Whitie falou, por sua vez, dizendo: — "Sinto muito,

Cully, mas é sua mãe." Repliquei: "É exato, Whitie, eu a esperava; tem ela alguma coisa a dizer-me?" Imediatamente a trombeta se ergueu e um murmúrio me chegou aos ouvidos: — "Sandy, Sandy, desejo transmitir-lhe um recado de seu pai. Quer que você escreva aos seus. Ele não está satisfeito com você." Fiquei completamente perturbado. Eu contendera com os parentes de meu pai por questões de dinheiro, havia anos. Nunca mais, entretanto, pensara neles. Ninguém naquela sala sabia de meus negócios, tenho a certeza, e era nem mais, nem menos uma mensagem sobre isso que ele me mandava.

Quando a guerra estava a acabar, recebi a visita de um jovem soldado de Perth, na Austrália. Levei-o uma noite à casa de Sloan e uma voz lhe falou, declinando um nome e mencionando um regimento. Ele, porém, respondeu: — "Sinto, bastante, mas não o conheço." Retrucou a voz: — "Encontrará o meu nome no monumento comemorativo da guerra, em Perth." — "Não sei de nenhum monumento dessa natureza em Perth", respondeu o meu amigo; "onde está ele?" — "Está na Avenida. . ." (o nome foi dado, mas eu o esqueci.) — O meu amigo: — "Conheço muito bem Perth; contudo, não sei de avenida alguma com esse nome."

Um ano mais tarde, recebi do meu amigo uma carta, na qual dizia que, durante a sua ausência, uma nova avenida se abrira no parque de Perth, com aquele nome, e que no centro do triângulo por ela formado se erigira um monumento, onde estava gravado o nome daquele homem, tal qual fora dito na sessão.

Outra ocasião, um artista amigo estava pintando um quadro de cuja venda o produto se destinava aos fundos que se estavam reunindo para um monumento comemorativo. Era hóspede do preboste ou magistrado local. Este dignitário perdera um filho na guerra, e o meu amigo, com ele conversando, lhe falou das admiráveis mensagens que se recebiam pela mediunidade do Sr. Sloan. O homem ficou ansioso por assistir a uma sessão e o meu amigo combinou levá-lo e a sua senhora. Já estando atrasado quando a eles me reuni, não houve tempo para as apresentações do costume, de maneira que, ao entrarmos na casa aonde íamos, vi-me atrapalhado, porque esquecera completamente o nome do magistrado e não podia apresentá-lo ao médium, que sorriu e disse: "É aqui bem-vindo todo amigo do Sr. Mc Cully." Ulteriormente, verifiquei ter tido Sloan a impressão de que o cavalheiro não desejava que se lhe declinasse o nome. Sem embargo, mal começara a sessão, o médium, sob o controle de Whitie, levantou-se e, caminhando para o magistrado, declarou: — "Seu filho diz que o senhor tem aí consigo uma coisa que lhe pertence." O cavalheiro perguntou: — "Relógio? caderno de notas?", etc., etc. A resposta foi: — "Não, não." Pôs-se então o médium a passar a mão pelo ombro do homem e Whitie disse: — "Seu filho lhe está afagando o paletó." — "Sim", observou o cavalheiro, "estou vestido com a roupa do meu filho."

A conversação prosseguiu, acumulando-se as provas. Dirigindo-se, em seguida, à senhora, a voz, pela trombeta, disse: — "Recorda-se, mamãe, das pegadas no linóleo? Tirei-o por causa disso". É que, por ocasião da sua última licença, ele quis patinar com a irmã. A mãe se opusera, por se achar resfriada esta última. Logo, porém, que aquela se retirou, os dois foram para o gelo. De volta, a moça tirou os patins, mas seus pés, como estavam úmidos, deixaram marcas na superfície polida do linóleo, que a mãe limpara de manhã.

Terminada a guerra, uma senhora me procurou, com muitas recomendações da família. Pediu-me insistentemente que a levasse a uma sessão, o que não era fácil por serem muitos os que desejavam isso e poucas as vagas, visto que só três ou quatro assistentes novos eram admitidos cada noite e todos os membros do círculo tinham amigos empenhados em lá ir. Entretanto, consegui arranjar as coisas; acompanhada por minha mulher e por mim, a aludida senhora logrou o que desejava. Motivava a sua ansiedade o fato de que um irmão seu, que estivera na guerra, era tido como extraviado, sem que dele se houvesse descoberto quaisquer vestígios. Principiada a sessão, não tardou que esse seu irmão se apresentasse a falar de sua morte. Veio depois outra voz, dizendo chamar-se Cameron. Minha mulher e eu conhecêramos um Cameron que fora morto na guerra e, como ninguém do círculo o houvesse chamado, dissemos que seria talvez o nosso amigo; a trombeta, porém, se orientou para a visitante e persistiu em declarar que era a ela que se dirigia. A senhora afirmou que a ninguém conhecia com aquele nome. A voz explicou que servira com seu irmão, que fora feito prisioneiro e morrera na Alemanha. Sem dúvida, era crível o que ele dizia; mas, algum tempo depois, aquela senhora recebeu carta de um casal de nome Cameron, em que se dizia saber que ela estava procurando, por meio de agências estrangeiras, notícias de seu irmão e que muitíssimo lhe agradeceriam se quisesse ter a bondade de informar-se também acerca de um filho deles que igualmente servira no Exército e fora, como o irmão da aludida senhora, dado por desaparecido. Este, evidente, era o Cameron que lhe falara de seu irmão, que ela não sabia ter tido um amigo com esse nome.

Aqui conclui o relato do Sr. Mc Cully e também terminam as provas para cuja enumeração disponho de espaço. A qualquer investigador que deseje conhecê-las em maior número, indicamos o volume, de 435 páginas, do almirante Usborne Moore, intitulado *As vozes*, no qual se lhe deparará um registro de experiências realizadas pelo autor e por outros pesquisadores, com o muito conhecido médium de voz direta Sra. Wriedt.

Nos primeiros capítulos deste livro, registrei informações transmitidas pelas vozes, ou com o auxílio da trombeta, ou com exclusão desta. No entanto, Sloan também é, no país, um dos mais apreciáveis médiuns de transe e, não raro, um comunicante, se não consegue transmitir direta e perfeitamente a sua mensagem, fá-lo por seu intermédio, ou pelo de um dos seus guias habituais. Obtive mensagens dadas, parte de um modo, parte de outro. Todavia, para uma conversação prolongada e contínua, as comunicações pelo transe são melhores, porque dessa forma se podem sustentar colóquios ininterruptos, por mais de uma hora. De tal maneira foi que recebi minuciosas informações acerca do processo por que se forma a voz, do que na realidade é a mente, das condições da existência no outro mundo e da relativa estrutura da matéria de que é constituído esse mundo, comparada à nossa matéria física. Um estenógrafo presente apanhava quanto dizíamos.

Antes de tudo, disseram-me que o Universo todo é feito de matéria em vários graus de densidade e de atividade vibratória; que ela enche por completo o espaço, em todo o qual há vida nos mais variados graus de desenvolvimento. O que aqui no nosso mundo sentimos é a matéria a vibrar dentro de determinados limites. Envolvendo a Terra, interpenetrando-a, ligado a ela e com ela a mover-se, há outro mundo, de substância etérea, em estado mais alto de vibração. Conseguintemente, não o percebem os nossos sentidos. Em o nosso mundo físico, o corpo real, ou duradouro, é um corpo etéreo ou espiritual que, no momento da concepção, entra a cobrir-se de matéria física, cuja vibração é lenta, ou, por outras palavras, se reveste dessa matéria. O corpo etéreo é o arcabouço a que se liga a matéria física, e compõe-se de matéria em perfeita consonância com a etérea do plano próximo, mas, enquanto estiver unida à matéria física, sofre as limitações desta última. Pela morte, o corpo etéreo se destaca do seu envoltório físico e continua a funcionar muito naturalmente no mundo etéreo, ondc tudo é tão real, com relação a esse mundo, quanto, com relação ao nosso, o é, para nós, o que nele existe.

O corpo etéreo, em cada caso particular, é um duplo do nosso corpo físico e, assim, pode compreender-se como, se forem propícias as condições para que um Espírito rematerialize seus órgãos vocais, possível se lhe torna fazer novamente vibrar a nossa atmosfera, de modo a se lhe ouvir a voz. O duplo etéreo leva tudo consigo, disseram-me, exceto o invólucro físico. O caráter, a memória, o sentimento, a personalidade, etc., o acompanham, porque lhe pertencem, mesmo quando na Terra. A muitos respeitos, o mundo etéreo se assemelha ao mundo terreno. Neste, os nossos sentidos são afetados, como lá o são os dos que o habitam, porém, devido à estrutura mais delicada da substância etérea, a mente lá trabalha como não o pode fazer aqui. Sob esse aspecto, pois, ele é um mundo mental, tal qual o é o nosso, como procurei mostrar no capítulo III.

Nesse outro estado de consciência, os seres se encontram em ambientes mais ou menos idênticos aos em que aqui nos achamos. Crescem árvores e desabrocham flores, não sujeitas, porém, à morte, conforme a entendemos na Terra. Os vegetais não deperecem; desmaterializam-se e desaparecem das vistas. Os ambientes do mundo etéreo são, em grande parte, condicionados pelos pensamentos dos seus habitantes, de forma que, por exemplo, suas casas e modo de viver são, em larga escala, obra deles. Isto, esclareceram-me, não quer dizer que o próximo plano da vida seja puramente efeito de projeções mentais, porquanto os que lá vivem experimentam sensações, quais as experimentamos. Podem perceber, tocar e cheirar as flores, apanhá-las e, por onde quer que andem, encontram amigos e com eles conversam. Todos os que estão em um plano, disseram-me, podem ver e tocar as coisas que nesse plano existam. Esta a resposta que invariavelmente recebi, sempre que tentei saber se o outro plano é objetivo ou subjetivo.

Há muitos planos; mas, em cada um deles, só os que ali se acham experimentam as mesmas sensações. Verifiquei por mim próprio que os Espíritos que me falavam a ninguém mais podiam ver, embora se achassem todos na mesma sala. A explicação que me deram foi que estavam em diferentes planos de existência. Não é um mundo de sonho o deles; é um mundo de objetiva realidade, vivamente real. Todas as coisas, a música, a arte, os trabalhos construtivos se praticam num grau de elevação, que não nos é possível apreender.

Reina grande atividade. Cada um tem o seu labor a executar. Servir aos outros e amar são os padrões éticos que lá prevalecem, num grau muito mais elevado do que aqui. É universal a linguagem, de sorte que todos se entendem uns aos outros. Em geral, vivem juntos os de cada nacionalidade terrena e falam a língua de que aqui usaram; há, porém, uma linguagem comum a todos. Insistiam muito os meus informantes num ponto: em que, entre eles, é rígida a disciplina, obedecendo todos aos que exercem autoridade. Cada um se acha submetido a Espíritos mais elevados, cujas determinações e instruções têm que ser atentamente obedecidas. É um Estado bem ordenado e governado.

Não há noite como a concebemos e a luz que os banha não lhes promana do nosso Sol. Se querem repousar, podem atenuar a luz, sem que jamais se produza a escuridão, como a experimentamos. Perguntados como se nutrem, disseram-me que comem e bebem exatamente como nós e têm do comer e do beber as mesmas sensações que nós, se bem a comida e a bebida sejam diferentes daquilo que por esses nomes designamos. Gozam de muito maior liberdade de movimentos, visto que se deslocam de um lugar para outro com uma rapidez que nos escapa à compreensão.

Doutras vezes, inquirindo-os sobre a composição das nossas mentes, disseram-me que a mente é matéria num estado de rapidíssimas vibrações, e que, por ocasião da morte, embora deixemos na Terra o nosso cérebro físico, que é o seu instrumento, ela, na vida espiritual, continua a funcionar por meio do duplo etéreo do cérebro, o qual sobrevive à morte, juntamente com o restante do corpo espiritual.

Toda vida permanece. Os animais, do mesmo modo que os seres humanos, sobrevivem à morte, entrando cada um no estado que harmonicamente corresponde às suas vibrações. A afeição que um animal tenha a um indivíduo pode reuni-los novamente depois da morte; porém, se não houver esse vínculo de afeição, eles atuarão nos planos que lhes correspondem, sem se aperceberem um do outro. Assim, pois, a vida é indestrutível, uma grande força universal prepondera em toda parte, em todas as coisas, de uma forma ou doutra; mas, só pode ser percebida pelos nossos sentidos, quando em conjunção com o físico.

A ciência física trata da matéria física, do que podemos sentir. A ciência psíquica entende com a matéria ou substância etérea. Não podemos sentir esta substância; podem-no, entretanto, os Espíritos. Sua estrutura atômica, foi-me dito, difere da nossa matéria. Pode ser éter, ou qualquer coisa aparentada com o éter — é tudo o que sabemos a respeito. São irmãos gêmeos o físico e o psíquico, o que torna mais fácil a um físico compreender o que é psíquico, do que aos cientistas especializados noutros ramos de conhecimentos. Daí resulta que, hoje, toda a tendência da ciência física é para considerar, não a matéria física, mas a etérea, como básica na estrutura do Universo.

Unicamente os ignorantes afirmam que só é real o que sentimos, que nada existe fora dessa ordem de sensações. Limitados ao extremo são os nossos sentidos, a nossa vista, o nosso tato, o nosso olfato, a nossa audição. Sabemos que o espectro do espectroscópio prova quão limitada é a nossa visão ordinária e que, além da ordem de vibrações do que chamamos cor, outras podem ser vistas, estendendo-se para os lados. Tem-se dito que as vibrações que percebemos, se comparadas às que não percebemos, são muito menos do que uma polegada em face de uma milha.

É evidente que uma imensa região existe, própria para outra vida, a ser habitada em torno e dentro deste nosso mundo, região essa inteiramente fora dos sentidos normais das nossas percepções. Enquanto não compreendermos que aqui os nossos sentidos apenas atendem a uma restritíssima ordem de vibrações, que é o que chamamos matéria física; que, além dessa ordem de vibrações, há um universo cheio de vida, em correspondência com uma ordem mais elevada de vibrações do que a matéria física, vibrações para nós irreais, porém da maior realidade para os planos em que se desenvolvem, não poderemos apreender ou compreender, em toda a sua plenitude, os fenômenos psíquicos que se produzem através da mediunidade.

CAPÍTULO X

NOITES DE INSTRUÇÃO (1)

"O nosso objetivo na vida seria acumular um número avultado de grandes questões, para serem formuladas e resolvidas na eternidade. — Aqui, inquirimos o sábio, o gênio, o filósofo, o teólogo; porém, nenhum nos pode responder; então, exporemos os nossos quesitos a outros que lhes respondam: inquiriremos os anjos, os Espíritos redimidos e Deus."

Fóster

Depois que me convenci não só da honestidade do médium, como da identidade dos que supúnhamos ser os que se comunicavam, fiquei naturalmente ansioso por saber alguma coisa acerca da maneira de viver deles, do que os cerca e de como lhes é possível baixar à Terra e fazer ouvidas suas vozes. Nos três primeiros capítulos, resumi algumas das informações que me deram, em prova da identidade dos que me falavam. Neste e nos dois que se lhe seguem, restringir-me-ei a expor o ocorrido em três sessões nas quais formulei perguntas e obtive respostas relativas àquelas questões. As informações de que

(1) A Editora Brasileira pede ao leitor comparar e ampliar essas instruções com aquelas que foram ministradas por André Luiz, nas obras "Nosso Lar", "Os Mensageiros", "Missionários da Luz", "Obreiros da Vida Eterna", "No Mundo Maior" e "Libertação", todas elas recebidas pelo médium Francisco Cândido Xavier.

me sirvo, tomo-as às notas apanhadas na ocasião pela minha estenógrafa. São típicas das sessões que realizei com o objetivo, não mais de conseguir provas de identidade, porém de esclarecer-me sobre o mundo etéreo que nos rodeia e envolve.

Foram particularmente valiosas e impressivas essas noites de instrução, porquanto, afora a minha estenógrafa, éramos apenas dois: o médium e eu. Tive, assim, oportunidade de fazer perguntas e receber respostas, sem a preocupação de estar, a bem dizer, monopolizando os do mundo etéreo, que viessem para falar a outros ali presentes. Nas sessões comuns, o que para nós havia de mais importante eram as provas, sobretudo quando presentes pessoas estranhas.

Nessas ocasiões, toda a minha atenção se prendia às provas de identidade, só me preocupava com o saber se os que falavam eram realmente quem eles diziam ser, ao passo que, nas sessões em que me achava a sós com Sloan, minha mente se concentrava em receber instruções e esclarecimentos de ordem geral. Então, os meus amigos etéreos, embora presentes, guardavam silêncio, deixando falassem outros que já dispunham de maiores conhecimentos do que eles. Dessas vezes, falaram-me algumas vozes que não reconheci e que não invocavam relações de amizade. Eram entidades cultas que empregavam uma linguagem muito acima da capacidade do médium.

Neste e nos dois capítulos seguintes, descreverei três sessões, uma em dezembro de 1923, as outras duas em janeiro de 1924. Elas sintetizam uma série de reuniões íntimas que se estenderam por mais de um ano.

Na de dezembro, o meu informante falou em tom lento e comedido, sem vestígio de qualquer acento particular. Sua exposição era empolgante e, conquanto eu não o visse, percebia ter diante de mim um homem de nobre atitude, culto e educado. Sloan, como sempre, se achava imerso em profundo transe, com as mãos nas minhas, a cabeça pendida para o peito e, poder-se-ia dizer, absolutamente imóvel, se não foram algumas contrações que se lhe notavam de tempos a tempos. Eu me sentava à sua frente, tendo a senhorita Millar, à minha direita, junto de uma mesa, a escrever. Excetuados nós três, ninguém mais deste mundo havia na sala, nem mesmo na casa, com interesse pelo assunto, porquanto Sloan então vivia só. Contudo, por precaução, eu fechava a porta e punha a chave no bolso.

A senhorita Millar, ao demais, é de temperamento mediúnico, o que contribuía não pouco para o êxito dessas sessões íntimas, porquanto a combinação da sua força psíquica com a de Sloan realizava condições quase perfeitas.

A primeira das sessões a que ora me reporto efetuou-se a 4 de dezembro de 1923, pelas 19 horas. Poucos minutos após nos havermos sentado e apagado a luz, uma singular voz máscula me falou assim: "Sr. Findlay, da última vez que esteve em sessão com o meu médium, o senhor manifestou o desejo de obter informações acerca do nosso mundo. Pediram-me então, os que têm a responsabilidade do que aqui ocorre, que eu viesse esta noite ajudá-lo de alguma forma, dentro das minhas possibilidades. Se me quiser perguntar o que pretende saber, farei o que estiver ao meu alcance para lhe responder."

Essa voz falou do alto, por cima da minha cabeça. Eu me achava sentado defronte de Sloan, com as suas mãos nas minhas e meus pés tocando os seus. Ao ouvir aquela voz, inclinei-me para a frente, a fim de me certificar de que ela não provinha de seus lábios e verifiquei que destes não saía o mais ligeiro som ou simples murmúrio. Não se podia atribuir o fato a ventriloquismo, porquanto qualquer ventríloquo testificará que essa forma de iludir é impossível.

Agradeci, a quem me falava, a bondade de ter vindo e a conversação prosseguiu, à maneira de perguntas e respostas, sendo estas imediatas.

Pergunta — Aqui, neste mundo, apenas podemos apreciar o que é físico, tal como a Terra, o Sol e as estrelas. Que se contém no que chamamos espaço?

Resposta — Só lhe posso responder dentro do que me permitem os meus conhecimentos. Interpenetrando o vosso mundo, existe outro de substância em estado de vibração, alto demais para que o sintais. O Universo é um todo estupendo; o homem, porém, só aprecia o que vê, ouve e sente. Acredite-me, há outros mundos de substância mais fina do que a matéria física, mundos em que há vida e dos quais não pode o vosso fazer idéia. Conjugado à vossa Terra, existe o mundo para onde vim depois do a que chamais morte. Cercando-o, há planos de densidades diversas, os quais acompanham a Terra no seu movimento de rotação.

P. — O vosso é, então, um mundo real e tangível?

R. — Sim, para nós, é muito real; mas, as condições em que nos encontramos dependem das da nossa mente. Se o quisermos, poderemos rodear-nos de belas regiões. A nossa mente tem larga parte na nossa vida aqui. Desde que vivamos em ambientes favoráveis ao nosso desenvolvimento mental, atrairemos a nós mentes do mesmo tipo da nossa. Neste mundo, os semelhantes se atraem. Do mesmo modo, no que respeita simultaneamente ao vosso e ao nosso mundo, os semelhantes também se atraem. Assim, as mentes más daqui são atraídas pelas mentes más daí e as boas pelas boas de um e outro lado. Em querendo nós, podemos tomar à Terra elementos com que baixemos as nossas vibrações. Os nossos corpos se tornam mais pesados e mais perceptíveis ao olhar humano, o que contribui para que às vezes nos vejam os que possuem a faculdade de sentir as nossas vibrações.

P. — Todos os habitantes do vosso mundo entram de quando em quando em contacto com a Terra?

R. — Quanto mais elevados e mais desenvolvidos nos tornamos, tanto menos em comunicação nos pomos com o vosso mundo. Quanto maior o nosso desenvolvimento, tanto menos pensamos nas coisas da Terra. É uma simples questão de querer. Podemos à vontade pôr-nos em contacto com as condições terrenas; se não houver em nós essa vontade, não voltaremos a ter convosco.

P. — Conservamos sempre a nossa individualidade?

R. — Imagine parte de uma região com colinas e vales. Cai a chuva e as águas vão correndo para pequenos arroios que ganham volume e entram num ribeiro, o qual, a seu turno, deságua num rio e este, por sua vez, noutro mais largo, que, aumentado, tudo arrasta para o mar. Cada individualidade se pode comparar a um átomo de uma gota de chuva. O átomo conserva a forma e a individualidade em todo o curso das águas, desde o outeiro até o mar e nem mesmo aí perde ele a sua individualidade. Outro tanto se dá conosco. Movemo-nos, cada vez mais crescidos, mas conservando sempre a nossa individualidade, até imergirmos no oceano da sabedoria, tornando-nos parte da Divindade.

P. — É clara, sem dúvida, a comparação feita; mas voltemos atrás, por um momento, à explicação que me destes, em resposta à minha pergunta sobre se é tangível e real o vosso mundo. Dissestes que o vosso ambiente depende das condições da vossa mente. Então, a vossa vida é apenas mental, ou podeis tocar e sentir o que vos cerca, tal qual o fazemos? Por outras palavras: é material o vosso mundo, semelhante ao nosso?

R. — Não é material o nosso mundo; mas real, em tudo; é tangível, porém composto de substância em estado vibratório muito mais alto que o da matéria que constitui o vosso. Podem, portanto, as nossas mentes atuar nele de modo diferente daquele por que as vossas atuam sobre o que é material no vosso. Tal a nossa mente, tal o nosso estado. Belo é tudo o que cerca os bons. Dá-se o inverso com os maus.

P. — Quereis com isso dizer que viveis num mundo de sonho, onde todas as coisas parecem reais, sem o serem?

R. — Não; não vivemos num mundo de sonhos. Como já eu disse, vivemos num mundo real e tangível, se bem os átomos que o compõem difiram dos que formam o vosso. A nossa mente pode atuar sobre esta substância tangível, como não o podem as vossas no vosso mundo. Viveis num mundo de vibrações mais baixas.

P. — Cada um de vós, então, vive em um mundo peculiarmente seu?

R. — Cada um assim vive: viveis vós e vivo eu. Se com isso quer dizer que cada um de nós pode ver e sentir a mesma coisa, responderei — sim. Todos os que se acham num mesmo plano podem sentir as mesmas coisas. Temos um mesmo mundo, como vós tendes todos um mesmo mundo. O nosso, porém, numa condição mais elevada.

P. — Podeis tocar o que vedes?

R. — Sem dúvida; podemos tocar, perceber e experimentar sensações, da mesma forma que vós outros.

P. — Comeis e saboreais o vosso alimento?

R. — Comemos e bebemos, sim; porém, não como entendeis o beber e o comer. Para nós, é uma condição mental. Saboreamos mentalmente o que comemos, não corporalmente, como vós.

P. — Não vos posso ver: se o pudesse, ver-vos-ia semelhante a quê?

R. — Tenho um corpo que é uma reprodução do que tive na Terra: as mesmas mãos, pernas e pés, que se movem como o fazem os vossos. Na Terra, eu tinha o corpo físico interpenetrado do corpo etéreo que ora trago.

O etéreo é o corpo real e é uma cópia perfeita do corpo terreno. Por ocasião da morte, emergimos da nossa cobertura de carne e continuamos a nossa vida no mundo etéreo, funcionando aí por meio do corpo etéreo, exatamente como funcionávamos na Terra metidos no corpo físico. O corpo etéreo é aqui tão substancial para nós, como o era o corpo físico quando vivíamos na Terra. Temos as mesmas sensações. Quando tocamos um objeto, sentimo-lo; quando olhamos para alguma coisa, vemo-la. Embora não sejam materiais, conforme entendeis esta palavra, os nossos corpos têm forma, aspecto e expressão. Movemo-nos de um lugar para outro, como o fazeis, porém, muito mais rapidamente do que vós.

P. — Que é a mente? Será coisa diversa do cérebro?

R. — Decerto que é. Trazeis convosco para aqui a vossa mente. Deixais na Terra o cérebro físico. Aqui, a nossa mente atua sobre o nosso cérebro etéreo e, por meio dele, sobre o nosso corpo etéreo, exatamente como o vosso cérebro físico atua sobre o vosso corpo físico.

P. — Poderá dizer-me algo com relação ao vosso mundo?

R. — Todos os que estão num mesmo plano podem, como já disse, ver e tocar as mesmas coisas. Se olhamos para um campo, é um campo o que todos vemos. Cada coisa é a mesma para os que se acham nas mesmas condições de desenvolvimento mental. Não é um sonho. Tudo é real para nós outros. Podemos sentar-nos juntos e gozar da companhia uns dos outros, precisamente como fazeis na Terra. Temos livros e podemos lê-los. Temos as mesmas sensações que vós. Podemos dar longos passeios por uma região e encontrar um amigo a quem não víamos desde muito tempo. Das flores e dos campos aspiramos os aromas, como vós aí. Apanhamos flores, como o fazeis. Tudo é tangível, porém, num grau mais alto de beleza do que tudo na Terra. Aqui, as flores e os campos não deperecem como aí. O vegetal pára de crescer e desaparece. Desmaterializa-se. Aqui, há uma coisa similar ao que aí chamais morte. Chamamo-la transição. Quando, com o tempo, nos temos desenvolvido suficientemente, passamos a outro plano, donde já não nos é tão fácil baixar à Terra. Chamamos a isso segunda morte. Os que passaram por ela podem descer a visitar-nos no nosso plano, mas não podemos ir ao plano deles, enquanto também não houvermos passado pela mesma coisa. É o a que vossa Bíblia chama segunda morte. Os que por ela já passaram não continuam a vir falar-vos diretamente na Terra, por meio de materialização, como faço neste momento. Eles me transmitem suas mensagens, ou a algum outro do meu plano, e nós vo-las retransmitimos.

P. — Dissestes que o vosso mundo gira com o nosso. Como se dá isso? E também girais com a Terra em torno do Sol?

R. — Com as esferas mais próximas da Terra isso se dá, porque pertencemos a esse planeta. Não podemos ver o mundo terreno a mover-se no espaço, porque convosco nos movemos. Não podemos ver o vosso mundo, enquanto nos achamos nas condições da Terra. Pondo-nos nessas condições, tornamos mais lentas as nossas vibrações e descemos de um plano a outro até que, baixando cada vez mais as ditas vibrações, as levamos ao nível das de que se compõem o vosso mundo. Todos podemos baixar; o que não podemos é ascender além do nosso plano, enquanto não estejamos preparados para sair definitivamente do plano em que nos encontramos.

P. — Que vos sucederia, se a Terra colidisse com outro planeta ou com uma estrela e fosse destruída?

R. — Isso não nos afetaria; o nosso mundo independe por completo da matéria física.

P. — Reencarnamos de novo na Terra?

R. — É esta uma questão para cuja resposta encontro dificuldades. Não sei de ninguém que o tenha feito. Vim para aqui faz muitos anos e vejo que me rodeiam aqueles que viveram na Terra há milhares de anos. É tudo o que posso dizer, porque meus conhecimentos não me permitem dizer mais.

P. — Os cães, gatos e outros animais sobrevivem à morte?

R. — Sim, senhor, digo-o com ênfase: sobrevivem. Nenhuma vida se extingue. Os animais, entretanto, não sobrevivem no mundo dos Espíritos, conforme lhe chamamos. Há para eles um mundo espiritual apropriado. Não têm existência num mundo de Espíritos, como o homem. Se, contudo, um cão é afeiçoado a um ser humano, pode penetrar no ambiente deste, se ambos deixaram a Terra.

P. — Assemelha-se à nossa a vossa vegetação?

R. — De certo modo, mas é muito mais linda.

P. — Disseram-me, nas minhas múltiplas conversações com diferentes interlocutores, que os que tinham títulos na Terra nunca os usam, usando apenas seus nomes e sobrenomes. Sir William Barrett, por exemplo, me pediu que suprimisse o "Sir", quando lhe falasse.

R. — É exato. Os títulos terrenos não têm para nós significação. Logo que aqui chegam, os que os possuíam abandonam esses prefixos, que carecem de significado entre nós.

P. — Como são as vossas casas?

R. — São quais as queremos. As vossas aí são primeiro concebidas em mente, depois do que se junta a matéria física para construí-las de acordo com o que imaginastes. Aqui, temos o poder de moldar a substância etérea, conforme pensamos. Assim, também as nossas casas são produtos das nossas mentes. Pensamos e construímos. É uma questão de vibração do pensamento e, enquanto mantivermos essas vibrações, conservaremos o objeto que, durante todo esse tempo, é objetivo para os nossos sentidos.

P. — De que linguagem usais?

R. — Aqui se usam todos os idiomas da Terra, como o inglês, o francês, o alemão. Vão, contudo, por maneira direta, de mente a mente. A comunicação de um com outro aqui se faz mentalmente e não mediante o emprego de palavras como na Terra. É precisamente como se disséssemos que a mente de um Espírito se põe em contacto telepático com a mente de outro com quem se comunica.

P. — Uma última pergunta, visto que a força, noto-o, está enfraquecendo. Donde tirais a vossa luz e quando dormis?

R. — Se queremos repousar, podemos diminuir a luz, não, todavia, como o entendeis. Diminuímo-la o suficiente para nos tornar possível o repouso. Não temos aqui noite, como a tendes aí. Não temos Sol, embora disponhamos de toda a luz de que necessitemos. Tiramos a nossa luz da fonte de toda a luz. Mas, hoje não podemos continuar, porque a força se extingue. Portanto, boa-noite e que a Luz que ilumina toda a escuridão o guie para a luz que o senhor ardentemente procura.

Exprimi o meu reconhecimento à benevolência do meu desconhecido amigo e manifestei-lhe a esperança de podermos continuar o nosso colóquio noutra ocasião.

Reacendeu-se o gás e, passados mais ou menos cinco minutos, Sloan despertou do transe e perguntou se alguém havia falado. Como sempre, estava fatigado e, por isso, deitou-se no sofá durante alguns minutos, enquanto a senhorita Millar lhe preparava o chá, que prontamente o reanimou. Quando nos dispusemos a deixá-lo, já se achava de novo perfeitamente bem e disse que não sentia nenhum efeito desagradável.

Essas sessões íntimas, eu as realizei de tempos a tempos, no correr dos anos de 1923 e 1924; mas, o precedente registro das condições de vida no mundo etéreo é bastante, pois desejo relatar duas outras sessões em que as minhas inquirições objetivaram os meios de que eles se servem para fazer ouvidas na Terra suas vozes. O que me foi dito se acha resumido nos capítulos anteriores; entretanto, os fenômenos são de tal interesse que estou certo de que as respostas às minhas perguntas interessarão a muitos.

Tão grande era o meu empenho em saber como se estabelece a comunicação entre eles e nós, quanto em ser informado das condições a que se encontra sujeito o outro mundo. Não aspiro mais ardentemente a deixar a Terra, do que qualquer outra pessoa de mente sã. O que me alegra saber é que a morte não me fechará o livro da vida e que o rápido percurso do berço ao túmulo não constitui a soma total da existência de um indivíduo. Enquanto nos limitarmos ao que é físico, isto deve representar a coisa mais importante para toda pessoa sã. Os que me conhecem hão de conceber que este nosso mundo de cada dia ocupe todos os minutos do meu tempo. Não sou um sonhador ou um místico. Tampouco sou um físico; minha mente percorre as linhas práticas do dia-a-dia. Por que, nesse caso, perguntar-me-ão, tanto me afadigo para pôr-me em contacto com outra ordem de existência? A resposta é que tenho espírito pesquisador.

Para muitos, uma sessão com Sloan basta para convencê-los da realidade do após-vida e, a menos que haja pessoas recém-falecidas com as quais queiram estar em contacto, aquilo os satisfaz. Eu sinto de modo diverso. Não me convenci logo à primeira sessão, mas fiquei suficientemente impressionado para desejar perquirir posteriormente, a fim de saber a significação de tudo aquilo. Por isso, voltei, assim tive oportunidade, depois da minha primeira experiência. Não ia, entretanto, para ser vencido. Se houvesse ali uma grande fraude, eu a descobriria; senão, teria de refundir todo o meu modo de ver acerca da vida e da morte.

Tomando cuidadosas precauções e inventando engenhosas contraprovas, convenci-me, com o tempo, de que os fenômenos eram genuínos, mas não fiquei convencido de que as vozes eram de trespassados. Só gradualmente adquiri a convicção, devida ao conhecimento que as vozes possuíam de coisas que nenhum dos presentes tinha a possibilidade de saber e que somente aquele a quem a voz se dirigia podia conhecer. A voz que dizia ser de meu pai, por exemplo, mostrou um conhecimento tal da nossa vida de família, do nosso lar e de meus trabalhos, os quais também eram os seus antes de morrer, que só faltou a possibilidade, para mim, de vê-lo. Se o houvesse visto, nada mais seria necessário para tornar completa a minha convicção. Não podemos chamar "morta" a uma pessoa que nos volta com um corpo semelhante ao que tinha na Terra e nos fala como fazia quando se achava revestida do corpo carnal. Diversas pessoas dotadas da faculdade de clarividência, que nunca o conheceram, nem jamais o viram na Terra, lhe descreveram a figura tão exatamente, que acabei por me convencer que, de fato, estava falando com meu pai. Se não fora ele, quem poderia ser? Seu aspecto físico e a sua personalidade, na vida terrena, eram, para mim, o que representava meu pai e ali tudo isso se reproduzia e não com relação a ele somente, mas com referência a uma dúzia de pessoas que eu conhecera na Terra.

As ulteriores informações que obtive confirmam que o mundo real contém sete esferas, junto à Terra, interpenetrando-se umas às outras, cada uma tendo um plano ou superfície e uma atmosfera que representa, para seus habitantes, um firmamento. Olhando, daqui da Terra, para cima, olhamos através deles e, como o mesmo se dá em cada plano, eles olham através do que lhes está acima, porém, não vêem Sol, nem estrelas, nem planetas, ou nuvens, apenas o firmamento. Não há sombras nas esferas a que nos referimos, porque lá a luz não produz sombras. Para os seus respectivos habitantes, é sólida a superfície de cada esfera; entretanto, pelo pensamento, podem eles baixar suas vibrações e vir diretamente de plano em plano até à Terra. Quão poucos dentre nós se apercebem de que, quando olham para o céu, estão olhando através de planos de densidades diferentes, que algum dia habitaremos e onde os que já viveram na Terra estão vivendo uma existência ativa e proveitosa!

No próximo capítulo continua o registro do meu inquérito durante o que sempre recordarei como Noites de Instrução.

CAPÍTULO XI

NOITES DE INSTRUÇÃO

(Continuação)

> "Quão puro de coração e reto de consciência não seria, que ardor não sentiria de afeições divinas, o homem cujos pensamentos se mantivessem uma hora em comunhão com os mortos."
>
> **Tennyson**

Estas noites de instrução despertaram em meu espírito o desejo de mais e mais informações. Se existia um mundo como esse onde eles diziam estar vivendo, queria eu saber alguma coisa a seu respeito. Achava-me possuído do entusiasmo de um explorador nas fronteiras de regiões ainda não pesquisadas. Queria saber como ele é, o que se sente estando nele e o que deverei fazer aqui para me assegurar lá uma posição tão confortável e ditosa quanto possível.

Obtidas essas informações, a minha sede de conhecimento ainda se não abrandara. Quis então saber como é que eles procediam para falar, como é que o Espírito, sendo para nós intangível, podia fazer vibrar a atmosfera. Senti que enfrentava o mais importante problema científico que jamais fora dado a um homem aprofundar e resolvi procurar uma explicação completa do assunto, enquanto tivesse oportunidade de obtê-la. Com esse propósito foi que realizei algumas das nossas sessões íntimas.

O que vai seguir-se é o registro do que ocorreu numa delas, realizada a 4 de janeiro de 1924, e na qual tomamos parte apenas a senhorita Millar, Sloan e eu, também as únicas pessoas que se achavam na casa. Fechada por mim a porta, guardei a chave no bolso até findar a sessão. Não havia possibilidade de estar pessoa alguma escondida na sala; disso sempre me certifiquei.

Tomamos os nossos lugares: Sloan defronte de mim e a senhorita Millar à minha direita, com o seu caderno de notas e seu lápis. Ao cabo de 10 minutos mais ou menos, Sloan começou a ter contrações. O estado de transe sobreveio rápido e o seu guia Whitefeather falou. Conversamos os dois por alguns minutos, ao fim dos quais perguntei se as condições eram boas. — "São", respondeu ele, "muito boas; a moça tem grande poder e isso nos ajuda. Punhados de gente aqui esta noite; o homem do macaco também está aí." (Estas últimas palavras foram ditas com referência ao Professor Huxley, que me falara por voz direta sobre a evolução, dando origem ao título com que o designava aquela divertida e arguta, mas ignorante entidade que se apresentava sob o nome de Whitefeather e que, segundo ela própria o dissera, como já tive ocasião de assinalar, fora um Chefe dos Peles-Vermelhas.) — "Quero saber como é que eles falam por voz direta, White", disse eu.

"Mim não pode dizer muita coisa, Chefe Findlay" (era assim que sempre me chamava). "Mas Greentree (Árvore verde), que está aqui, dirá para você."

Greentree já me falara antes, várias vezes. Também dizia haver sido na Terra um chefe índio, mas que tinha tipo muito diferente do de Whitefeather. Disse-me certa vez que aprendera o inglês depois de haver deixado a Terra, porque na vida espiritual se pusera em relações constantes com entidades que falavam esse idioma. É bom o seu inglês, não estropiado como o de Whitefeather, que colhera o que sabia apenas das suas ligações com o médium. O caso de Whitefeather se assemelha a outros que apreciei, o de ignorar completamente um guia a nossa linguagem quando começa a utilizar-se do corpo de um médium e aprender gradativamente a língua que este fala só com o ouvi-lo falar. Greentree sempre revelou superior desenvolvimento mental e espiritual e Whitefeather, como que reconhecendo a sua própria inferioridade, de todas as vezes que se referia ao outro era em termos respeitosos. Quando incapaz de responder a uma pergunta, dizia: "Greentree lhe dirá, Chefe Findlay; se o interroga da próxima vez, ele fala."

Perguntar-se-me-á como é que Índios Americanos podem atuar como guias dos nossos médiuns. Propus de uma feita essa questão a Greentree e este me explicou que era porque na vida terrena eles foram espiritistas e se acharam em contacto permanente com os trespassados. Aprenderam assim, na Terra, as leis que regem as comunicações entre os dois mundos e quando a seu turno volveram ao mundo dos espíritos maior facilidade encontraram do que os outros para se comunicarem de novo com os terrícolas. Justamente pelo fato de certas pessoas na Terra serem aptas, por natureza, a atuar como médiuns entre este mundo e o outro, tirei, das minhas várias conversações, a conclusão de que algumas entidades etéreas são mais aptas do que outras a utilizar-se dos médiuns. Daí vem que todos os médiuns de transe têm um ou diversos guias habituais, que falam mais facilmente do que outros através dos seus órgãos vocais. Esses são os médiuns do outro plano. Nem todos podem comunicar-se atuando diretamente sobre o médium; então, os que têm aptidão para isso transmitem as mensagens que recebem das entidades etéreas para os da Terra. Utilizar diretamente o médium pode ser mais difícil do que falar por voz direta; verifiquei, no entanto, que muitos dos amigos que me falavam com suas próprias vozes, completamente à parte do médium, se tornaram provectos em fazê-lo do outro modo, após breve exercício. A única vantagem que o falar pelo transe tem sobre a voz direta é que, daquela maneira, se pode sustentar por longo tempo uma conversação, às vezes por uma hora ou mais, ao passo que por meio da voz direta isso não é possível. Depois de alguns minutos, a voz se abaixa e se torna inaudível. Tem-se então de esperar, não raro cinco minutos, que eles reúnam de novo as forças para falar. Todavia, enquanto a força subsiste, a voz direta é de muito maior efeito e produz impressão muito mais viva, porque, se bem seja curta a conversação, um colóquio "cara a cara" é sempre preferível a um mediante intérpretes. Por exemplo, não preferimos que um estrangeiro nos fale no nosso idioma, embora fazendo pausas para ver de que maneira exprimirá o que tem ainda a dizer-nos, do que lhe ouvir pensamentos traduzidos por um intérprete? Falando diretamente, ele faz convergir para nós seus pensamentos, o que não será possível, se tudo o que haja de dizer tenha de expressá-lo por terceira pessoa.

Greentree é um dos guias normais de Sloan e fala por ele com facilidade, mas, a par disso, é hábil em falar por voz direta. É, ao demais, do outro lado, um dos dirigentes dos trabalhos. Lembrarei que no capítulo VI, quando descrevi como se produzia a voz direta, expliquei que a maior parte do trabalho necessário à comunicação entre os dois mundos é feito pelos que se encontram no Além. Greentree é, de ambos os lados, o diretor da sessão; tem a seu cargo encaminhar os que desejam falar, explicando-lhes o que precisam fazer para consegui-lo. Escolhe os que hajam de comunicar-se, pois, dado o grande número dos que aguardam oportunidade, indispensável se torna uma seleção. Fiscaliza o que ocorre aqui e lá e não hesita em chamar a atenção aos que se acham do lado de cá, se não estão concorrendo como devem para que se estabeleçam boas condições. Diz-nos quando se faz necessária a música, se estamos muito concentrados; repreende alguém que esteja com as pernas cruzadas, o que é uma das primeiras coisas que se recomenda aos novatos que não façam (1). O novato, na suposição de que, por estar no escuro, ninguém o vê, às vezes desobedece à determinação, esquecido de que a nossa escuridão não existe para eles, que vêem sempre claramente tudo o que fazemos. Provam-no invariavelmente uma pancada com a trombeta na cabeça do transgressor, ou uma polida recomendação para que não cruze as pernas. A esse respeito, nunca notei engano algum. A costumeira pergunta sobre como perceberam a transgressão provoca uma viva resposta de Greentree, dando a compreender ao novato que não prevalecem numa sessão as condições normais e que as inteligências presentes dispõem de poderes superiores aos nossos. Outros fatos ocorreram, além dos fenômenos habituais, de natureza a mostrar que as inteligências ali presentes podem ver no escuro. Mencionarei alguns.

Ao encerrar-se a sessão, antes de se trocarem as despedidas, eu, muitas vezes, tirei do bolso o relógio, ainda no escuro, e perguntei que horas eram. Em todas essas ocasiões, acesas as luzes, verifiquei que a resposta fora exata, sem discrepância de um minuto, sendo de notar-se que fora dada no escuro e sem que ninguém usasse relógio luminoso. E essa indicação exata da hora é dada quase sempre depois de uma sessão que durou duas ou três horas. Igualmente, se eu estendia o dedo numa direção e pedia que o tocassem, era ele delicadamente tocado com a trombeta. Qualquer parte do corpo, a pedido,

(1) A razão é que todos os poros do corpo devem conservar-se livres, porque através deles é que passa o ectoplasma.

era tocada com toda a delicadeza: a orelha, o nariz, o joelho direito ou esquerdo, coisa impossível de ser feita no escuro, como o provei, por qualquer ser humano.

Isto me faz lembrar um incidente ocorrido precisamente depois de me haver Whitefeather informado que Greentree estava esperando para falar. A senhorita Millar havia apagado a luz e eu segurara as mãos de Sloan e encostara meus pés aos dele. Havia alguns minutos que estávamos no escuro, aguardando que Greentree falasse, quando a senhorita Millar disse: "Meu caderno de notas se está movendo sobre a mesa"; e acrescentou: "Ele me foi tirado" e, por fim: "Tiraram-me da mão o lápis." Logo, a mesa, distante do médium umas duas jardas, ergueu-se e caiu pesadamente. Ponderei: "Não foi Sloan, nem eu quem fez isto, porquanto meus pés estão encostados aos dele e as suas mãos estão nas minhas." Então, uma voz, próxima do teto, falou assim: "Isto foi feito para compreenderdes que nesta sala se acham a trabalhar, esta noite, inteligências que podem ver-vos e as coisas que vos rodeiam. A escuridão, como a tendes, não existe para nós. A mão materializada de um Espírito foi que produziu o que acaba de dar-se; a moça, porém, não deve ter medo; nada fazemos nunca para assustar ou magoar a quem quer que seja." Em seguida a isso, o caderno de notas e o lápis voltaram para a senhorita Millar, a mesa cessou de mover-se e Greentree falou, dizendo-nos: "Boa-noite" e me perguntou que era o que eu desejava saber.

Pergunta — Como é que podeis falar-nos a nós que estamos na Terra?

Resposta — Materializando a minha boca e a minha língua etéreas.

P. — Podeis dizer-me algo acerca do método que seguis para isso?

R. — Farei todo o possível para lhe tornar compreensível como isso se consegue; lembre-se, porém, de que não poderá ter uma idéia exata das dificuldades que aqui enfrentamos, enquanto, por sua vez, não vier para este plano. Todavia, explicarei tão claramente quanto possível os nossos métodos. Do médium e das pessoas presentes, um químico do mundo espiritual extrai certos ingredientes, que, à falta de melhor nome, são chamados ectoplasma, ao qual o mesmo químico adiciona ingredientes que ele próprio elabora. Misturando tudo isso, forma uma substância que o habilita a materializar suas mãos. Com as mãos materializadas, constrói uma máscara, semelhante a uma boca com a respectiva língua. O espírito que quer falar coloca essa máscara sobre a face e a ajusta bem, de maneira que lhe cubra a boca, a língua e a garganta. A princípio, experimenta certa dificuldade em movimentar esse material mais pesado; porém, com a prática, a coisa se torna fácil. Os órgãos etéreos ficam assim encerrados numa matéria que se assemelha à matéria física, e o ar, passando-lhe através, faz vibrar a vossa atmosfera e lhe ouvis a voz.

P. — Mas, como apanhais o ar? com os pulmões também materializados?

R. — No caso de materialização completa, é.

P. — Tenho ouvido duas e três vozes a falar ao mesmo tempo. Outras tantas máscaras são usadas nessas circunstâncias?

R. — Sim. Como nessas ocasiões as condições são boas, o químico dispõe de ectoplasma suficiente para construir diversas máscaras, que são, às vezes, usadas todas ao mesmo tempo. Isso explica a razão por que ouvis várias vozes falando simultaneamente.

P. — Onde é colocada a máscara?

R. — De ordinário, no centro do círculo. Dentro deste reúne o químico a maior quantidade possível de ectoplasma. Quando, porém, é pequena a quantidade fornecida pelo médium e pelos assistentes, ele o reúne próximo do chão. Eis por que as vozes vêm daí, quando são deficientes as condições. Por outro lado, quando estas são boas e temos amplo suprimento de ectoplasma, podemos acumulá-lo no teto, o que explica virem as vozes, nessas ocasiões, do alto da sala.

P. — Construída a máscara, que fazeis?

R. — Aquele que vai falar toma posição no centro do círculo, mete-se na materialização ectoplásmica e começa a falar, movendo a boca e a língua exatamente como fazeis quando falais.

P. — E com relação à trombeta?

R. — É usada não só para ampliar a voz, como para fazê-la ir diretamente àquele com quem o Espírito quer falar. Move-se a trombeta por meio de hastes materializadas, sendo manejadas deste lado por um a quem chamamos o operador da trombeta. Seu nome é Gallacher e ele lhe vai falar agora. (Outra voz se fez ouvir, dizendo ser Gallacher, o operador da trombeta.)

P. — Boa-noite. Creio que você é irlandês.

R. — Sim, senhor. Já uma vez o disse.

P. — Bem, meu amigo, quero saber tudo o que me possa dizer sobre o seu trabalho de auxiliar os que, desse lado daí, nos falam a nós que estamos na Terra.

R. — Quando um Espírito deseja falar-vos, apropria-se das condições terrenas do vosso ambiente. Sempre sabemos quando as vossas reuniões se vão realizar. (Neste ponto, Whitefeather interveio com o seu: "É mim que sabe e diz aos outros. É mim que sabe quando está para ter sessão; é mim que lembra essas coisas; é mim que fala cada um.") Após essa interrupção, continuou Gallacher: — "Como eu dizia, sempre sabemos quando estais reunidos. Cabe-me manusear a trombeta. Tenho estado a seu lado, esperando a vez de falar-lhe e muito me alegra ter ensejo de dizer-lhe o que posso.

P. — Então você é o responsável pelos megafones ou trombetas?

R. — Sim, eu as manejo todo o tempo. Quando tem que haver uma sessão, geralmente o químico com quem trabalho me informa do que vai dar-se e me pede que nos reunamos no momento aprazado. Ele fornece uma substância sua e tira certa quantidade dela do médium e dos assistentes. É a combinação dessa substância espiritual com o ectoplasma fornecido pelo médium e pelos assistentes que nos habilita a materializar. Se há bastante substância, isso permite que o instrumento metálico ande por toda parte na sala e as vozes se produzam. Quando aqui cheguei esta noite, a primeira coisa que fiz foi ver onde melhor podia juntar maior quantidade de ectoplasma. O químico o recebe de mim e lhe adiciona seus ingredientes, sendo ele então conduzido para o lugar mais apropriado. Também falo por aqueles que não o podem fazer e pelos que se achem a distância muito grande daqui. Estes últimos me enviam suas mensagens, como vós aí mandais as vossas pelo sem fio; elas são colhidas por um receptor e passadas para mim; eu, então, as passo adiante, dando o nome da pessoa que as envia. Funciono meramente como transmissor.

P. — É isso que explica o que às vezes parece uma personificação?

R. — Eu sou quem passa as mensagens que outros mandam; por isso, às vezes, percebeis que não sou precisamente aquele que a envia. Sou, para vós, o mensageiro dos que não podem falar.

P. — Alegra-me essa explicação, não porque eu haja alguma vez verificado qualquer personificação, mas porque é interessante e me ajuda a compreender as dificuldades com que lutais. Pode dizer-me mais qualquer coisa?

R. — Quando penetram no círculo para falar, os Espíritos se materializam, temporária e parcialmente, cobrindo suas bocas e línguas com a substância que fabricamos. Há uma ligação entre o laringe do médium e a boca e a língua materializadas do Espírito que fala, permitindo que as palavras, formadas por este, sejam ouvidas por vós outros. Sentimos então o que sentíamos quando na Terra. Os órgãos do falante assumem uma forma mais densa, a sua língua se espessa, sucedendo o mesmo com os outros órgãos materializados. Não nos podeis ouvir, enquanto não nos servimos de matéria de mais lenta vibração, pelo que só encontrando alguém, como o médium, que nos supra do seu ectoplasma, que apropriamos às nossas necessidades, é que podemos fazer-nos ouvidos por vós. É preciso o ectoplasma e a substância química que fornecemos. Sem isso, não haveria materialização.

P. — Que substância é essa?

R. — O químico, que se acha a meu lado, me diz lhe responda que nenhuma utilidade vos teria os seus ingredientes, porquanto nenhuma significação apresentam para vós, na Terra. Diz, entretanto, que o produto que ele fabrica é uma substância por meio da qual as coisas materiais podem mover-se. Nada se pode mover sem ela. Todos os corpos físicos se compõem de muitos ingredientes diversos, dos quais tiramos a substância a que dais o nome de ectoplasma.

P. — Pode ainda dizer-me mais alguma coisa?

R. — Tenho de me retirar, mas, antes de fazê-lo, gostaria de dizer-lhe, senhor, que fui educado na crença católica romana; mas, não vim para aqui como um católico romano. Antes de vir para cá, renunciara a todos os credos. Vim como livre-pensador, não acreditando absolutamente na sobrevivência. Vim despojado apenas do meu corpo físico. Quando entro em contacto com o plano terreno, tudo o que me cerca equivale, praticamente, ao mundo físico; porém, em esferas mais elevadas, nós nos libertamos das condições terrenas. Agora, meti-me, por algum tempo, nestas últimas condições e faço parte do vosso mundo. Posso tocá-lo (senti um toque no meu braço esquerdo) e tenho consciência de que o toco. (As mãos e os pés de Sloan continuavam fiscalizados por mim. Se a senhorita Millar me houvesse tocado, teria parado de escrever; entretanto, seu lápis nunca estacionara e, ao dizer-lhe que fora tocado, ela imediatamente me respondeu do lugar que sempre ocupou na sala.) Muitos dentre nós, no estado que nos é normal, tocam às vezes os nossos irmãos da Terra e, a princípio, ficam tristes porque esses irmãos não se apercebem do fato, esquecidos aqueles que com os nossos corpos mais delicados não podemos ser vistos, nem sentidos. Tenho que me ir. Adeus! Greentree lhe falará novamente.

P. — Uma vez colei meu ouvido à boca do médium, estando uma voz a falar, e ouvi um som sibilante. A voz de meu pai falava no outro extremo do círculo a meu irmão e ainda aí as palavras não vinham dos lábios do médium, mas apenas um brando sibilo. De outras vezes, em que fiz a mesma coisa quando uma voz falava, nada ouvi. Que era esse som sibilante que percebi?

R. — Da boca do médium sai um tubo ectoplásmico para levar as vibrações, do seu laringe ao Espírito que fala. O laringe do médium é utilizado para fazer vibrar a atmosfera; a boca, a garganta e a língua materializadas do Espírito formam as palavras. O senhor foi muito feliz em ouvir esse sibilo. Os cientistas da Terra, interessados pelos fenômenos psíquicos, ficariam contentes se houvessem feito essa sua experiência, porque ela representa alguma coisa que lhe dá um ponto de partida para adquirir certo conhecimento real de como se produz a voz.

P. — Pode dizer mais alguma coisa acerca da máscara de que usais para falar?

R. — Pode chamar-lhe uma máscara ou um mudo (1). Reunimos o ectoplasma proveniente dos assistentes, num recipiente a que darei o nome de vaso, sem que seja um vaso físico. Se quiser esperar um momento, tentarei mostrar-lho. (As mãos e os pés de Sloan continuavam fiscalizados. Esperei e gradualmente foi surgindo por cima da sua cabeça um objeto luminoso, que tomou o aspecto de um grande vaso de flores e logo desapareceu repentinamente.) Viu? (Vi, respondi eu.) Pois bem: é dentro disto que reunimos o ectoplasma, ao qual o químico junta seus ingredientes. O produto dessa mistura é matéria de vibração bastante lenta para fazer vibrar a vossa atmosfera. A máscara, enquanto dela não se serve o Espírito que quer comunicar-se, é incapaz de falar sozinha. O Espírito abaixa o tom de seus órgãos vocais e assim estabelece contacto entre esses órgãos e a máscara. Sendo bastante a força magnética ou psíquica, não há dificuldade em obter-se coesão suficiente entre os órgãos do que fala e a máscara. Conseguida essa coesão, o material ectoplásmico se movimenta ao mesmo tempo que os órgãos vocais do Espírito. É exatamente como se cobríssemos a nossa boca e a nossa língua com esse material. Este se lhes gruda e com eles se movem.

P. — Tem peso essa máscara? Uma balança o acusaria?

R. — Tem. O ectoplasma tomado aos assistentes tem peso, tanto que o destes diminui na proporção da quantidade em que lhes ele é extraído. Se as pessoas presentes

---

(1) Por "mudo", ou, como dizem os ingleses, "dummy", designa-se a pessoa que falta num jogo de cartas entre quatro, mas no qual só tomam parte três, sendo postas a um lado as cartas que pertenceriam à quarta pessoa, se houvesse.

à sessão se sentassem, durante esta, numa balança, verificariam ter sofrido uma diminuição de peso. Voltando o ectoplasma, finda a sessão, para os assistentes, volta-lhes também o peso normal. (A exatidão deste fato já foi provada experimentalmente.)

P. — Quando controlais o médium e fazeis uso de seus órgãos vocais, que é o que realmente acontece? (Isto se refere às manifestações pelo transe e não à voz direta.)

R. — Estando controlado o médium, se queremos falar pelos seus órgãos vocais, pomo-lo numa condição de inteira passividade. É a condição em que ele vem a estar no transe. Seu Espírito deixa o corpo por algum tempo e se coloca ao lado. Uma vez nessa condição, podemos atuar-lhe sobre o laringe, as cordas vocais, a língua e os músculos da garganta. Não operamos no seu interior, mas de pé atrás dele. Podemos colocar-nos na condição do médium, ou afinados com ele, mediante uma extensão que, quando movemos os nossos órgãos vocais, faz que os do médium semelhantemente se movam. Há um elo de conexão, etéreo ou físico, podeis chamar-lhe de um modo ou doutro, que tem a mesma ação sobre os músculos do médium, que um diapasão sobre outro, desde que ambos estejam afinados no mesmo tom. Trabalham assim harmônicas as duas sedes de órgãos vocais. Não há aqui o caso das mensagens serem influenciadas pela mente do médium, porque esta de nenhum modo intervém na operação. Não trabalhamos através da sua mente, mas, diretamente, sobre seus órgãos vocais. Tudo o que vem a exteriorizar-se é tal qual saiu da mente do Espírito que o controla. A mente e o cérebro do médium são postos fora de ação, temporariamente, e o Espírito que opera lhe controla os músculos dos órgãos vocais.

P. — O médium se acha ainda em transe. Onde tem estado o seu espírito, desde que o transe começou?

R. — O iniciar-se o estado de transe quer dizer que o espírito do médium se retirou do seu corpo. Neste instante, está precisamente à sua direita, não longe do corpo.

P. — Poderá dizer-me ainda alguma coisa acerca do controle que exerceis sobre o médium durante o transe?

R. — Ponho-me em condições terrenas, abaixo as minhas vibrações e me coloco por detrás dele. O ectoplasma se encontra em todos os pontos do corpo humano. Colocado por detrás dele, é como se estivesse atrás da máscara; apenas, neste caso, são os próprios órgãos vocais do médium que eu aciono para formar as palavras. Esses órgãos se movem simultaneamente com os meus. Para falar diretamente, com exclusão do médium, metemo-nos na máscara e formamos as palavras com as nossas próprias línguas, que se acham momentaneamente materializadas.

Neste ponto da resposta, Sloan se pôs de pé e eu fiz o mesmo. Disse então Greentree que interrompera a conversa para me mostrar uma coisa.

"Mostrar-lhe-ei que seu espírito (o do médium) se encontra fora do corpo. O senhor está com ambos os braços estendidos, porque lhe está segurando as mãos. Tente agora baixar-lhe os braços."

Tentei, mas estavam duros como se fossem de madeira. Senti-lhe os músculos e verifiquei que todas as partes do seu corpo apresentavam a mesma rigidez. "Rigor mortis", exclamou uma voz e verdadeiramente o era. Por mais força que empregasse, não consegui mover-lhe nenhum dos braços, nem para cima, nem para baixo. Desisti, reconhecendo que, se fizesse muita força, lhos quebraria. Outra voz disse então: "Traremos de novo seu espírito e o tiraremos do transe." Gradativamente os músculos se foram afrouxando e eu delicadamente o sentei de novo na cadeira. Dali a poucos minutos Sloan falou, perguntando se tínhamos tido uma boa sessão.

Ele não é tão alto nem tão musculoso quanto eu; entretanto, na primeira ocasião que se me deparou, pedi a um homem mais musculoso do que eu que ficasse de pé com os braços estendidos e os mantivesse retesados, e tentei abaixá-los. Não encontrei a menor dificuldade em consegui-lo e os meus leitores podem fazer por si mesmos a experiência. Evidentemente, para me fornecer uma última prova, Greentree, naquela ocasião, apartou para longe do seu corpo o espírito de Sloan, de sorte que ele esteve como morto durante algum tempo. No transe ordinário, o espírito e o corpo devem conservar-se em ligação íntima, porquanto nunca se observa a rigidez dos músculos. Foi uma experiência que não tive a satisfação de ver repetida várias vezes; apenas de uma outra feita pude tê-la renovada.

Concluirei o relato destas experiências no capítulo que se segue.

CAPÍTULO XII

NOITES DE INSTRUÇÃO

(Conclusão)

"Os judiciosos são instruídos pela razão; os de espírito vulgar, pela experiência; os estúpidos, pela necessidade; os brutos, pelo instinto."

Cícero

Relatarei mais uma apenas das minhas sessões íntimas com Sloan, a de 24 de janeiro de 1924, na qual também tomou parte como estenógrafa a senhorita Millar, aplicando eu ao médium o mesmo controle que das outras vezes. Sentado defronte de mim e com suas mãos nas minhas, ao cabo de dez minutos, mais ou menos, Sloan caiu em transe. Apagou-se a luz e esperei na obscuridade, curioso de saber o que ainda me diriam daquela vez.

"Boa-noite, Sr. Findlay." — "Oh! boa-noite, Greentree", respondi. "Reconheço-lhe a voz."

Pergunta — Alegra-me que você tenha vindo hoje. Poderá dizer-me qual a diferença entre o transe e o sono?

Resposta — No sono, isto é, no sono natural, no sono de que necessita o corpo físico, todas as funções orgânicas ficam em repouso, exceto o coração, que continua a pulsar. Esse o sono natural, em que nem sempre o espírito deixa o corpo. No transe, colocamos o espírito um pouco afastado do seu invólucro de carne, mas ligado o seu corpo espiritual, por um cordão psíquico, ao mesmo invólucro carnal. Se esse cordão se rompesse, dar-se-ia imediatamente a morte. Para podermos falar pelo médium, exigimos que o seu espírito se exteriorize completamente, mas conservando-se preso ao corpo físico por esse cordão vital. Fora do seu corpo físico, o espírito se torna então inconsciente. Neste instante, o do nosso médium está exatamente entre o corpo que lhe pertence e o senhor. Se, na presente condição, algo de violento suceder, o corpo físico sofrerá. Note que eu agora lhe estou falando por meio de seus órgãos vocais. Conservo-me de pé por trás dele, mas em tão íntimo contacto com esses órgãos, que a sua boca reproduz com precisão os movimentos da minha. Seus órgãos vocais estão sob absoluto controle meu. O médium nada sabe; acha-se por completo inconsciente do que faço. Uso momentaneamente do seu corpo, porque a força ainda não é bastante para que eu possa falar por voz direta.

P. — Pode ouvir-me com facilidade?

R. — Sim, ouço-o; porém, não posso ouvir o que digo, respondendo-lhe. Falo por detrás do médium e suponho que o senhor me ouve.

P. — Ouço-o perfeitamente bem. Poderá haver um meio de comunicação sem médium?

R. — Só se se encontrar na Terra alguma coisa sensível a vibrações mais altas, quais as do mundo espiritual. Os cientistas do nosso lado procuram influenciar-vos para realizardes isso, porquanto se trata de uma questão que vos toca a vós resolver e não a nós. Tudo o que podemos é baixar as nossas vibrações, de maneira a aproximá-las das da Terra.

P. — Que é o que faz um médium ouvir por clariaudiência?

R. — A nossa ação sobre a sua mente.

P. — Qual será a minha ocupação, quando for para o vosso mundo?

R. — O senhor será eminentemente apto para o trabalho de pesquisas.

P. — Quando nos falais, tornais mais baixas as vossas vibrações?

R. — Certamente: é isso o que exprimimos, dizendo que nos pomos nas condições terrenas.

P. — Como é que baixais as vossas vibrações?

R. — É difícil de explicar. Trata-se de uma condição em que vos colocais e que nos habilita a absorver o ectoplasma do médium e dos assistentes e, fazendo isso, eu sinto exatamente o que sentia quando estava na Terra.

P. — Como ouvis o que dizemos?

R. — Baixando suficientemente as nossas vibrações, até apanharmos as vibrações atmosféricas das vossas vozes. Agora, tenho que ir-me. Boa noite.

Passados alguns minutos, falou uma outra voz: "Greentree foi obrigado a retirar-se, porque tem outro trabalho a executar. Pediu-me, porém, que lhe respondesse, caso o senhor ainda tivesse qualquer coisa a perguntar.

Pergunta — Obrigado pela sua atenção. Queira dizer-me como procede para me falar. Greentree, Gallacher e outros já mo disseram. Contudo, quanto mais esclarecimentos eu obtiver, tanto melhor compreenderei os vossos métodos. Até aqui, tudo o que disseram vozes diversas é harmônico e concorde. Poderá dizer algo que ainda não me hajam dito?

Resposta — Sinto as coisas precisamente como se houvesse voltado de novo para a Terra. Isso é para mim tão interessante, quanto o seria para o senhor, ver, do lado de cá, de que modo trabalhamos. Encantá-lo-ia observar tudo o que se passa, antes que a voz de um Espírito faça vibrar a vossa atmosfera. Primeiro, somos chamados por Whitefeather, ou outro qualquer, desde que uma sessão tenha de realizar-se. Ele está sempre junto do médium, sabe o que este faz, e ouve-o, quando projeta uma sessão. Vimos, então, todos. Whitefeather mantém o corpo espiritual do médium fora do seu corpo físico; o químico e seus ajudantes intervêm com suas preparações e Gallacher se aproxima para manejar as trombetas, que nem sempre, aliás, são necessárias. Muitas vezes nos ouvis falar sem elas, que apenas ampliam a voz e nos facilitam levá-la à pessoa a quem fala o Espírito. Greentree se encarrega dos que desejam falar e lhes ensina como e quando devem fazê-lo. É verdadeiramente interessante observar os preparativos que se efetuam, deste lado, como por exemplo: o químico a ligar o médium e os assistentes, para deles extrair a força precisa. Enquanto não se acham ultimados esses preparativos todos, nenhuma voz pode produzir-se em condições de a escutardes. A extremidade mais larga do megafono, ou trombeta, serve para serem aí colocadas a boca e a língua materializadas, permitindo ao Espírito que fala onde repousá-las. Então, falamos, apontando a extremidade mais estreita da trombeta para a pessoa a quem a voz se dirige.

P. — Gallacher está aqui agora? Desejava perguntar-lhe uma coisa.

R. — (Por Whitefeather.) — Não, Gallacher está ocupado noutro trabalho. Não pode vir esta noite. Mim disse vocês vinham; mim diz a eles quando devem vir; é meu trabalho esse. Mim cuida espírito meu médium. Vão embora; quem quer fazer o que vocês pretendem não é bom. Você vindo como investigador sério nos encontrará pronto ajudá-lo. (Isto era dito para algum ou alguns Espíritos presentes.) Nosso grupo não admite aqui venham Espíritos maus. Mim pode tomar corpo médium, nenhum outro pode; mim tem anos de prática disto.

É impossível, num livro, transmitir ao leitor a impressão exata das personalidades que falam e dos tons em que o fazem. Whitefeather logo é reconhecido pela sua voz, sua personalidade e sua maneira de exprimir-se. Sempre que se manifesta, dá vontade de rir a quem o ouve; é como o palhaço de um circo; às vezes, está apenas de mau humor, doutras, parece, figuradamente, violento como um trovão; logo, porém, se abranda e, mediante uma pequena lisonja, se torna todo blandícias. Tem uma maneira originalíssima de dizer coisas que nos fazem rir por muito tempo depois de terminada a sessão. Graceja dos Espíritos que falam; repreende-os, ou faz observações acerca de algum dos assistentes. É realmente uma personalidade divertida e interessante, porém não muito adiantada.

O mesmo se dá com os outros que de ordinário falam: todos são facilmente reconhecíveis; cada um tem suas características pessoais, que a obscuridade da sessão não logra ocultar.

Continuando a conversação que Whitefeather interrompera:

P. — Registrais o que ocorre?

R. — Sem dúvida; não somos enciclopédicos.

P. — Como se move a trombeta?

R. — Em sendo bastante a força, a mão do Espírito, suficientemente materializada, é apta a sustentá-la; doutras vezes, é mantida por hastes psíquicas. (Pausa.) Alguém que lhe está próximo se mostra ansioso por falar-lhe. Espere e não formule mais perguntas.

(A sessão prosseguiu, conversando eu com meu pai e com outros que me queriam falar.)

Huxley, a quem já me referi, também falou, tratando da matéria e da vida, desde seus primórdios, e do desenvolvimento de ambas, através do meio físico e dentro do mundo espiritual. "A evolução", concluiu ele, "ainda é o meu grande tema, aquilo em que constantemente penso. A evolução é a chave do Universo. A evolução nunca termina. Estamos continuamente a progredir, a progredir, sempre, porém, conservando a nossa individualidade. Isso concorre para explicar o mistério da existência".

Fiz o mais que me foi possível para apresentar, nestes três últimos capítulos, um esboço dos métodos que empreguei para me esclarecer com relação ao outro mundo que nos cerca e com referência ao modo por que seus habitantes procedem para se comunicarem com a Terra. As sessões íntimas que descrevi foram bastante impressivas e contribuíram mais do que qualquer outra coisa para me convencer da realidade desse outro mundo. Sentando-me frente a frente de Sloan e, quando falava a Voz Direta, inclinando-me sobre ele para ter a certeza de que a voz não era sua, vi confirmadas as conclusões que eu anteriormente estabelecera e às quais, como já expus, não cheguei apressadamente. Senti que lograra um duplo avanço sobre todas as minhas experiências precedentes; obtivera confirmação da honestidade do médium, da natureza supranormal dos fenômenos, da realidade da existência de um outro mundo extremamente próximo do nosso e, finalmente, da continuidade da vida, que reconheci escapar à nossa percepção apenas porque destituída do envoltório físico que nos afeta os sentidos. A par disso, adquiri algum conhecimento da vida e do labor no mundo etéreo e dos métodos de que se valem os que lá vivem para entrar em contacto com a Terra.

Em verdade, são-me inolvidáveis aquelas noites de instrução.

CAPÍTULO XIII

JUNTAI À VOSSA FÉ O CONHECIMENTO

"A ignorância é castigo de Deus; o conhecimento é a asa com que voamos para o Céu."

Shakespeare

Os precedentes capítulos contêm informações que raramente hão sido permutadas por inteligências de duas ordens diferentes, com a mesma clareza e concisão. É fora de dúvida que não contávamos recebê-las e, se as houvéssemos recebido mais cedo, não as teríamos entendido. Hoje, são outras as circunstâncias, porque a geração mais nova já se acha apta a pensar e discorrer acerca do éter e de suas ondas, da matéria, de seus átomos e eléctrons. A mentalidade humana se adiantou bastante, para apreender o fato de que nada é sólido, de acordo com a significação que emprestamos a esta palavra; de que tudo o que vemos e tocamos se compõe dessa substância chamada éter, a qual, só quando vibra com certa velocidade, nos impressiona os sentidos. A imensa maioria das vibrações do éter não nos afetam, se bem saibamos, por meio de instrumentos, que elas existem e sempre existiram. Será inconcebível haja outros seres capazes de sentir aquilo que nenhuma sensação nos causa, ou estará a soma total da inteligência confinada no que chamamos Humanidade? Não haverá inteligências capazes de apreciar as ondas do éter, abaixo ou acima dos limites da nossa restrita capacidade? A adoção deste critério certamente revela profunda ignorância. Sabemos que o homem de antanho apenas tinha aptidão para apreciar o que se achava imediatamente ao seu derredor e que olhava as estrelas como luzes fixadas no firmamento para seu gozo especial. Sua mente não pôde entender as descobertas de Copérnico. Houvesse Bacon, em 1623, discorrido sobre a atividade vibratória da matéria, na sua *De Augmentis Scientiarum*, e essa obra teria morrido ao nascer.

Nos dias atuais, a mente humana pode, arrojadamente, compreender a grandeza e a majestade do Universo físico. O Universo de éter, esse só poderá ser apreciado depois que aquele outro se achar devidamente compreendido. O desenvolvimento mental levou trezentos anos para chegar ao ponto que atingiu e, presentemente, encontramos, para nos pormos de harmonia com esse passo dado à frente, a mesma dificuldade com que os nossos antepassados toparam, para ajustar suas mentes à astronomia de Copérnico e Galileu e, mais recentemente, à biologia de Darwin. Cada avanço leva tempo. As grandes mentalidades dão o primeiro passo, muitas vezes por entre zombarias; mas, pouco a pouco, a multidão as acompanha. Os nossos filhos se mostrarão aptos a apreciar o Universo etéreo de uma forma que as velhas gerações nunca o fariam. Para eles, um mundo etéreo existente além do mundo físico será compreensível como nunca o teria sido para seus pais e avós.

Foram necessários, pelo menos, uns cem anos, para que as descobertas de Galileu e Corpénico lograssem aceitação geral, por parte da gente culta. Então, como agora, as aparências diferiam muito da realidade. Não menos de cinqüenta anos passaram, antes que os mais instruídos aceitassem o fato de que a Terra e seus habitantes são o resultado de uma evolução lenta, mas segura, e não de uma criação instantânea. Todas as descobertas têm encontrado violenta oposição. A História está cheia do fato de haver a Humanidade, invariavelmente, perseguido e, por vezes, imolado seus maiores pensadores, a cuja memória, depois, presta culto.

A mente humana é constituída de modo que as novas idéias só muito demoradamente nela penetram, para, afinal, serem adotadas, em seguida a longas e furiosas discussões. Sem dúvida, esse conservantismo tem suas vantagens, porquanto, de outra maneira, não haveria estabilidade e, visto que a verdade acaba sempre por triunfar, muita coisa sem valor é assim joeirada. Mudança radical nenhuma, em ciência, em religião, ou em filosofia, consegue abrir caminho à sua aceitação, senão mediante um reiterado apelo à razão humana. As descobertas psíquicas não poderiam fazer exceção. Temos, pois, que esperar passe algum tempo, antes que este novo conhecimento se integre no rol das verdades geralmente aceitas pelo mundo, e isso só se verificará entregando-se à pesquisa dos fenômenos os mais ardorosos investigadores e acumulando ano a ano mais e mais provas, que por fim dissiparão todas as dúvidas.

Qual, então, deve ser a atitude daqueles que, pondo de lado preconceitos, encaram de frente e com decisão a verdade? Qual deveria ser a minha atitude, nas circunstâncias expostas neste livro? Devera guardar silêncio, ou falar das minhas descobertas ao mundo, sem dar atenção aos seus motejos e escárnios? Cada um de nós é depositário do conhecimento que lhe foi outorgado, e conservá-lo escondido, por medo do ridículo, fora covardia.

Digo apenas o que me foi dito: este livro não é fruto da minha imaginação. Não sou um missionário a querer mudar crenças de há muito existentes. Unicamente relato um pouco do que ouvi e que tornará mais inteligíveis essas crenças, tidas como sagradas pela maioria do gênero humano. Se, no processo de assimilação de ulterior conhecimento do invisível, algumas crenças, ainda consideradas fundamentais, forem reconhecidas como simples símbolos de uma verdade maior, que jaz oculta sob eles, não será justo se repita o que já ocorreu no passado?

O saber é qual árvore de crescimento demorado: todos os anos lhe caem as folhas que serviram para sua nutrição; ela, porém, se mostra, lenta mas firmemente, aumentada na altura e na grossura. Assim também, hoje, algumas velhas crenças que ajudaram o gênero humano a avançar para Deus e para o invisível têm que ser postas de parte, cedendo lugar a outras mais novas e mais robustas. Entretanto, a construção real e duradoura permanecerá. O conhecimento adquirido pela nova ciência psíquica apenas confirma e aprofunda as grandes e universais verdades proclamadas pela Religião e pela Filosofia.

Mediante as nossas pesquisas, entrevimos uma Mente diretora suprema a formar e moldar o Universo, segundo um grande e estupendo plano, muito acima da compreensão de quem quer que seja, neste mundo, e da de muitos do outro. Verificamos que colheremos no Além o que aqui houvermos semeado; que aqui preparamos o nosso viver no outro plano; que a vida é perene e indestrutível; que a memória, a personalidade e o caráter são o nosso eu real e que, não esse eu, mas tão-somente o seu envoltório físico, é o que a morte destrói.

Verificamos, também, que uma multidão invisível nos rodeia, a qual, sob certas condições, pode entrar, de tempos a tempos, em comunicação conosco. Não é evidente que por meio desta revelação nova as verdades fundamentais e essenciais da religião receberam uma confirmação real? E será verossímil que, pela aceitar, nos tornemos irreligiosos? Quando observamos, em torno de nós, o chamado mundo religioso do pensamento hodierno, não sentimos, instintivamente, que, mesmo entre os mais ortodoxos, tudo é confusão? Se consideramos, de um lado, as seitas, com as suas dissensões e mal-entendidos, e, de outro lado, a manifesta indiferença reinante, temos, numa casca de noz, os resultados da religião ortodoxa.

Se tomarmos para exemplo apenas a Inglaterra, acharemos que nos tornamos suficientemente instruídos para que a maioria da coletividade a que pertencemos inquira o que é a verdade. Nos passados tempos de ignorância, não era difícil a aceitação da verdade, porque a verdade, para toda gente, era o que a Igreja dizia. Assim foi durante as épocas de obscurantismo. A imprensa, todavia, produziu seus efeitos e, transcorridos poucos séculos, alguns já se mostravam bem esclarecidos para duvidar da autoridade dessa Igreja; transportaram, então, e assentaram a sua fé no que consideravam um livro infalível, em vez de uma Igreja infalível. O conhecimento progrediu. O livro infalível começou a ser posto cada vez mais em dúvida e, como conseqüência, após a Reforma, surgiram por toda parte dissensões no seio da seção protestante da Comunidade, por nada terem de sólido em que baseassem suas crenças. Isolada, a Igreja Católica Romana se conduziu de maneira a prosseguir pelo mesmo caminho, sem que no seu seio se abrissem dissensões. A História, porém, do protestantismo parece a de um *iceberg* constantemente a se esboroar. Cada uma de suas seções se considera possuidora da verdade e em erro todas as demais; cada uma tem seus textos especiais em que apóia suas contenções.

Hoje, transposto quase um terço do século vinte, guardam a mesma forma os ofícios da Igreja, com a mesma algaravia nas palavras de que usa e que, se satisfizeram aos nossos ignorantes antepassados, longe estão de satisfazer à parte pensante da sociedade atual. Resultado: as assembléias da Igreja se vão tornando progressivamente menos numerosas, pois que fraca é a simpatia que seus ensinos inspiram. Será o povo, no entanto, indiferente às verdades essenciais que todas as religiões têm proclamado? De modo algum. As gentes, hoje, se interessam cada vez mais vivamente pelas verdades religiosas do que dantes e a Igreja tem perdido uma grande oportunidade, aferrando-se aos seus credos absurdos, com o que afasta de si toda parte culta das massas.

Na igreja inglesa, um livro de oração é imposto para ser lido ou cantado em certos dias de festividade e aos domingos: o credo de Santo Atanásio, que diz, entre outras coisas, que se não acreditarmos no incompreensível não nos poderemos salvar e seremos, sem dúvida, condenados pela eternidade toda. Este credo cruel está nos fundamentos da fé católica; nunca foi repudiado ou abolido. Constitui, de fato, a base do cristianismo protestante e do católico, ou, como diz o *Livro de Oração*, é a confissão da fé cristã. Ora, como pode um homem ou uma mulher inteligente ler esse credo e dizer honestamente que semelhante reunião de palavras sem sentido constitui a sua fé? Entretanto, ele é correntemente cantado ou lido por toda a Inglaterra, em determinados domingos.

A extrema falta de autoridade e de base para crer-se no cristianismo protestante encontra ampla confirmação nas diversas opiniões sustentadas relativamente à transubstanciação. O Bispo de Birmingham (*Morning Post*, de 23 de julho de 1931) acusa o Arcebispo de Cantuária de fomentar a crença de que — "um padre, pelo ato da consagração, pode fazer que o Cristo venha e habite dentro do pão e do vinho da sagrada comunhão", sustentando o acusador "ser falsa a crença em que, pela consagração, uma presença espiritual possa fazer-se inerente a um pedaço de pão".

Este é apenas um exemplo do que tem acontecido há perto de 1900 anos. Se a discussão ou a disputa não é a propósito da transubstanciação, é sobre a autenticidade de alguma passagem da Escritura. O Cristianismo, desde pouco depois da sua fundação, há motivado discussões umas após outras, ou sobre fórmulas e cerimônias, de um lado, ou, de outro lado, sobre a significação e a interpretação de certos trechos escriturísticos. Tem andado como um navio no Oceano, constantemente em busca de um porto, sem jamais o encontrar, porque carece de seguro e sólido alicerce para suas asserções, que hão sempre dependido de alguma autoridade da Igreja ou de algumas passagens da Escritura, passagens cujas interpretações diferem de uma época para outra. Por isso, o Cristianismo de hoje é absolutamente diverso do Cristianismo dos primeiros séculos.

Essas opiniões e interpretações deram causa a um número inconcebível de divergentes maneiras de ver, dentro da Cristandade, donde centenares de seitas, nas quais se transformou a Igreja Cristã primitiva. Não admira que só uma pequena fração da Comunidade acuda ao ofício divino, quando os próprios chefes não se entendem com relação ao que é verdade. A conseqüência é que o número de seus adeptos vai gradativamente diminuindo, enquanto que, doutra parte, cresce de contínuo o dos que formam as fileiras do Espiritismo.

E que raio de esperança resta aos que rodeiam uma sepultura aberta? Eis o que respondem aos que pranteiam um morto: "Não ficaremos todos a dormir; ver-nos-emos mudados, num momento, num abrir e fechar de olhos, ao som da trombeta, porque a trombeta soará e os mortos se levantarão incorruptíveis e se acharão mudados." Ora, ser mudado é a última coisa que qualquer de nós pode desejar. Cada um quer ser tal qual é, conservar a sua própria individualidade e personalidade, que é precisamente o que se dará com todos nós, em um corpo semelhante ao corpo terreno.

Que conforto podem as palavras que citei acima oferecer aos que choram compungidos? No entanto, em todos os funerais, o clero lê essa obsoleta oração pelos mortos, ou, se o pastor é dissidente, profere palavras semelhantes e consigna o espírito do morto ao túmulo, até à grande ressurreição. Essa consignação do espírito do homem a um sepulcro até ao dia de uma futura ressurreição vem desde os começos do Cristianismo; vem mesmo, sem dúvida, de antes do Cristianismo e, se o clero estivesse com a razão nesse ponto, os nossos cemitérios se achariam abarrotados de Espíritos a dormir, esperando a chamada. As mesmas palavras são repetidas em todos os enterramentos e, se no passado tiveram aceitação, é porque então não havia coisa melhor. Logo, porém, ou mais tarde, devido aos progressos do conhecimento, a verdade teve que ser afirmada. Quem quer que duvide do que fica dito relativamente à opinião da Igreja sobre o assunto, verá dissiparem-se-lhe as dúvidas, lendo o último verso do muito conhecido hino que se costuma cantar nos funerais: *Agora, a tarefa do trabalhador é outra.*

Tem o clero o dever de estar mais adiantado do que as suas congregações; portanto, com a demonstração que ele pode obter, mediante o enorme acervo de obras publicadas sobre a questão, cumpre-lhe dizer aos fiéis que os velhos credos morreram, mas que as verdades essenciais da religião sobrevivem e podem ser adotadas, não por simples ato de fé, e sim como fatos científicos. Foi-me dito, aliás, que tudo o que é novo pode ser encontrado nas velhas crenças e que essas velharias mortas podem reviver, derramando-se-lhes em cima o óleo da nova revelação. Isso satisfará, talvez, a alguns; porém, não a muitos que já pensam por si mesmos e avançam indiferentes aos pronunciamentos da Igreja. Esses antiquados escritos são relíquias de uma época que passou. Por que seguir os passos incertos dos nossos ignaros avoengos à procura da verdade, quando temos diante de nós aquilo em cujo encalço eles andaram?

Qual, então, hoje, a nossa situação? Sabemos que a sobrevivência e a entrada do nosso ser no mundo etéreo não se acham condicionadas por qualquer espécie de crença. Dá-se por um processo todo natural, tão natural quanto o nascimento; ocorre, não em tempo indeterminado, mas por ocasião da morte. Não se trata, de modo algum, de saber se se acredita ou não nos acontecimentos que a Bíblia registra ou se se acredita, por um lado, que o Céu é uma nova Jerusalém, com suas ruas calçadas a ouro, ou, por outro lado, que não há sequer a sobrevivência, sendo o túmulo o nosso fim. Essas crenças nada significam, no que concerne à continuidade da vida, porquanto, assim o mais ignorante dos crentes, como o mais declarado ateísta, aprenderá a conhecer o mundo invisível quando chegar o momento do seu corpo etéreo deixar o respectivo corpo físico. Não há lugares distintos e separados: céu para os crentes e inferno para os incrédulos. A ignorância não é bem-aventurança, apenas cria falsas idéias. Quanto mais souberdes acerca dessa outra região para onde vos encaminhais e acerca dos meios de nela penetrardes, tanto mais vos sentireis como em vossa casa, ao chegardes lá. Tanto mais de harmonia estaremos com o meio em que nos acharmos, quanto melhor nos prepararmos, de antemão, para ele, embora não seja de bom aviso pensar demasiado nisso.

Escrevemos com certa autoridade, porque logramos algumas experiências concludentes. Um sacerdote morto me disse que não poderia progredir, enquanto o último dos da sua congregação não houvesse chegado deste mundo. Perguntei-lhe por quê. Respondeu-me que a razão era lhes haver pregado uma doutrina ortodoxa, especialmente o perdão dos pecados pela crença em a morte do Cristo na cruz e na punição de todos os que não professassem esta crença. Estava à espera dos da sua congregação, para dizer a cada um, à medida que fossem chegando, que estivera em erro, que lhes dera uma noção absolutamente errônea da outra vida.

Foi-me dito também que todos os que haviam passado, ainda crianças, para o Mundo Etéreo, sem nenhum conhecimento dos dogmas e credos religiosos da Terra, cresciam na mais completa ignorância desses credos e dogmas, porque as crenças exclusivamente terrenas nada significam para os habitantes desse mundo. Aos que para ele vão imbuídos delas, mostram-se os erros em que laboram e os que não as pregaram, esses prontamente as esquecem, no meio novo a que ascenderam. Aqueles, porém, que se tornaram responsáveis pela prédica e pelo ensino do erro têm que sofrer atrozes agonias mentais, até que hajam olvidado suas erronias.

A outra experiência que obtive foi igualmente interessante e mostra quão ampla é em toda parte a divergência das idéias. O grupo que, do outro lado, trabalhava comigo disse que se estava esforçando para trazer a me falar um *plymouth Brother,* tão aferrado na Terra às suas idéias, que não conseguia libertar-se delas, lá no outro plano. Esse homem, vim a sabê-lo depois, fora proeminente personalidade em Glasgow e alcançara grande notoriedade pelas suas idéias extraordinariamente acanhadas e supersticiosas. Morto havia pouco, falou como terá falado neste mundo, em muitas ocasiões! Era, positivamente, o *crente* mais endurecido que já eu encontrara. Da outra margem da vida, discorreu sobre a perversidade de todos os homens, excetuando-se a si somente. Tinha a todos por pecadores e as idéias fixas que alimentara na Terra o acompanharam para o Além. Quando terminou o seu discurso, a personalidade que me falou em seguida disse que ele teria de passar por um curso especial de instrução e que com o tempo sua mente se desenvolveria bastante, para lhe permitir conhecer a verdade.

Como já disse, a parte essencial das verdades religiosas subsiste. A nova revelação nada tira às aspirações do gênero humano e nos amplia enormemente o conhecimento que possuímos dos dois mundos, este e o outro. Tudo ganhamos com as novas verdades e nada perdemos. Vivamos, pois, a verdadeira vida, com retidão, bondade e desinteresse, lembrados de que o que importa não são as crenças que professemos, mas o que somos e o que fazemos. Nenhuma repetição de credos ou orações nos dará lugar melhor na outra vida, porque tais coisas carecem lá de significado. O que é primordial é o aperfeiçoamento do nosso caráter, que não se fortalecerá, enquanto temermos pensar por nós mesmos e precisarmos ou de credos, ou de um livro, ou de uma igreja para nos servir de muletas, quando temos ao nosso alcance conhecimentos que, adquiridos, nos habilitarão a caminhar sozinhos.

Em todas as minhas comunicações com os trespassados, desde que tocávamos nesses graves problemas, impressionavam-me a insistência deles com referência à realidade do mundo onde estão vivendo e a maneira por que consideram este nosso mundo, no qual não vêem mais do que uma tosca imitação daquele. Do mundo etéreo vem e para ele volta toda vida, porque transitório é tudo o que vemos. Eterno só o invisível o é, porque o que é visível e tangível deriva de causas invisíveis. Em a Natureza nada se perde: a vida pode deixar de manifestar-se num envoltório físico; mas, nem a vida, nem o seu invólucro ficam perdidos. Aquela prossegue o seu curso, penetrando na matéria e passando-lhe através e dotando-a, durante essa passagem, de forma e movimento. Quando o envoltório cessa de preencher suas funções, a vida o deixa deperecer e morrer. Volta ele então para a mãe-

-terra, donde proveio, até que possa novamente ser utilizado, no futuro, para passagem da vida.

Esta, no entanto, se acumula dentro dele, de modo a habilitá-lo a assumir uma forma e, nas criaturas mais altamente desenvolvidas, essa forma persiste no mundo etéreo. A Terra é uma incubadora, onde a vida se desenvolve durante a sua passagem através do elemento físico; é o viveiro da raça humana, o lugar da sua preparação para o mundo real e duradouro, que, para nós que nos achamos revestidos de corpo físico, é ao mesmo tempo intangível e imperceptível.

A grande lei que rege o mundo etéreo é a da harmonia, ou de atração, semelhante à nossa lei de gravitação. Assim como a esta se acha sujeito o corpo físico, também àquela se acha submetido o corpo etéreo. Os semelhantes se atraem e, ao chegarmos àquele outro meio ambiente, disseram-me os de lá, somos irresistivelmente arrastados para a coletividade e as condições apropriadas ao nosso caráter. As almas congeniais se conservam juntas; mas, o progresso é sempre possível, mesmo para os piores, desde que fortemente o desejem. Todos, afinal, podem, se o querem, progredir, embora para o egoísta o caminho seja deserto e terrível. Portanto, os nossos pensamentos e ações aqui na Terra preparam o lugar que ocuparemos no Além.

Quantos de nós se acham compenetrados de que os pensamentos são coisas duradouras, de que nos acompanham ao outro plano da vida, de que serão lá os nossos companheiros e nos influenciarão, e em proporções muito maiores do que agora, porque, quando separados do corpo físico, assumem formas e aspectos mais potentes, para o bem ou para o mal, do que quando encerrados no invólucro terreno?

O que expus neste capítulo se baseia no que me informaram os que, como nós, já viveram na Terra. De várias maneiras provaram-me eles a sua identidade e, agora, por minha vez, lhes provo estar satisfeito com a honestidade e a veracidade que demonstraram. Mas, assim sendo, por que também não lhes aceitaria as informações sobre o gênero da vida que vivem, sobre a natureza do mundo em que se encontram e sobre seus ensinamentos morais e filosóficos? Eles passaram a uma condição mais avançada do que aquela em que permanecemos e vêem as coisas sob outro e maior ângulo; se o que me disseram fala à minha razão, deverei repeli-lo, como destituído de valor, unicamente porque a prática das comunicações ainda não está geralmente aceita? Semelhante argumento houvera matado, ao nascer, o telefone, o telégrafo e o rádio, visto como, por constituírem novidades, nenhuma mensagem recebida através deles seria acreditada, o que os tornaria, desde o início, sem utilidade alguma. A repetição constante, porém, das mensagens lhes provou o justo valor; do mesmo modo, a repetição das mensagens permutadas entre os dois mundos, nestes últimos oitenta anos, confirmou, em todos os detalhes essenciais, a grande revelação nova da existência de um outro mundo em torno de nós, em que consiste a vida nele e do seu caráter.

O que me foi dito a mim, dito tem sido a outros, não uma vez, mas milhares de vezes. Eu, contudo, junto mais uma pedra ao monte, que um dia tão alto se elevará, que toda a Humanidade será obrigada a vê-lo e a crer.

CAPÍTULO XIV

FATOS QUE DEVEMOS CONHECER

> "Os fatos, para a mente, são quais os alimentos para o corpo. Assim como de uma conveniente digestão destes dependem o vigor e a saúde do indivíduo, daqueles outros dependem a razão e a sabedoria. O mais douto no conselho, o mais hábil no debate, o companheiro mais agradável no comércio humano é o homem que assimilou para o seu entendimento o maior número de fatos."
>
> **Burke**

Todos estamos destinados a outra paragem. Se nos dissessem que teríamos de sair da Inglaterra e de transferir para longe a nossa habitação permanente, digamos, para um quase desconhecido recanto da América do Sul, quanto não ansiaríamos por encontrar alguém que aí houvesse estado! E, encontrando-o, não o importunaríamos com perguntas, assim acerca do cenário e do clima, como também sobre as espécies de vestuário que deveríamos levar? Quando se me ofereceu a oportunidade de encontrar os que do Mundo Etéreo vieram ter comigo, mundo para o qual todos estamos de viagem, aproveitei-a naturalmente para me informar sobre essa região, seus habitantes e cenário e, ainda, como deveria vestir melhor o meu caráter, de sorte a me achar mais bem preparado, para o novo meio ambiente. Havendo aprendido algo do nosso destino, permitido me seja apresentar, nos mais simples termos, os fatos que cada um de nós precisa conhecer. Aos que se desinteressam da vida futura, aos que preferem penetrar nela ignorando-a, sem preparo prévio, este livro nenhum valor terá. Todos sabem que a morte há de vir e os que desejarem enfrentá-la, tendo dela conhecimento e entendendo-a, acharão aqui matéria para as suas meditações.

Neste mundo, são duais os nossos corpos: físico um, aquele que vemos e tocamos; etéreo outro, aquele que não podemos perceber com os órgãos físicos. Esses dois corpos se interpenetram, sendo, porém, o etéreo o permanente, o indestrutível, pois que a Mente etérea é a sede da memória, da personalidade, de todas as qualidades que formam o nosso caráter, qualidades todas pertencentes ao etéreo. A mente jamais envelhece; isto só sucede ao instrumento do espírito, o cérebro, que se arruína quando o corpo se avelhanta. Nada nunca se perde do que aprendemos, do que constitui a riqueza intelectual. Aqui, por vezes, perdemos a faculdade da expressão, devido ao instrumento físico deixar de funcionar com a mesma precisão que antes. Abandonando, na ocasião da morte, por imprestável, o envoltório físico, continuamos em o nosso novo estado revestidos de um corpo etéreo. Livres das limitações peculiares ao que é físico, as nossas faculdades se tornam mais claras e mais rápidos os nossos movimentos. Com a mudança, nada do que tem valor perdemos; continuamos a ser o que éramos, quanto à forma e ao aspecto, ao pensamento e à ação. Os que hajam perdido braços ou pernas tê-los-ão de novo, porquanto somente sofreram perda do que era do físico, dando-se o mesmo com as outras deficiências corporais. O físico é a cobertura; está continuamente a gastar-se, a ser renovado pelo sangue, o que é mais outra prova de que há uma estrutura permanente a que a matéria física se acha agregada.

Aqueles que deixam, ainda crianças, este mundo, crescem e se tornam adultos e, chegando a este estado, se conservam sempre como homens ou mulheres em pleno desenvolvimento. A velhice, inerente ao físico, é desconhecida no mundo etéreo. As crianças, aí, são cuidadosamente tratadas e educadas; têm suas escolas e colégios. De fato, saber é o desejo predominante em todos os que aspiram a progredir, sejam crianças, ou adultos. E que sucede ao que morre velho? Os que vivem uma existência bastante longa, para morrerem com todas as incapacidades da velhice, ficarão eternamente presas dessas incapacidades? Se já compreendêssemos que o Espírito nunca envelhece, que a velhice só existe para o corpo físico, não teria cabimento semelhante pergunta. Quando o corpo, envelhecido e claudicante, é abandonado, o seu duplo etéreo se mostra erecto, isento de todos os defeitos físicos. O homem somente no sentido físico morre velho, pois que entra jovem na outra vida, onde a idade não se mede pelos anos, onde a noção de tempo difere muito da que possuímos. Nós medimos o tempo pela revolução de um globo físico em torno de um Sol também físico; ao deixarmos a Terra, entramos noutro meio, onde o tempo, como o entendemos, não existe. A experiência, exclusivamente terrena, que adquirimos da relatividade do tempo, permanece, enquanto dura o nosso sono no plano etéreo. Então, como em sonho, nos passam ante a visão experiências que, se estivéssemos despertos, levaríamos anos para reproduzir e que, entretanto, achando-nos adormecidos, se sucedem em poucos minutos, às vezes em segundos. Disseram-me os meus instrutores que no Mundo do Espírito, entre os que deixaram a Terra há milhares de anos e mais, não faltam os que só agora começam a ter consciência do novo ambiente onde se encontram. Nessa situação, porém, acham-se apenas os que quase nenhum progresso realizaram neste mundo, pelo que custam a adaptar-se de pronto às suas novas condições e ao meio que os envolve. Em regra, os de mediana inteligência se apercebem, sem maiores delongas, do novo ambiente, alguns quase que imediatamente, ao passarem do envoltório físico para seus corpos etéreos, enquanto que outros levam dias e semanas, segundo a nossa maneira de calcular o tempo. Porém, lá, um dia é como mil anos e mil anos são como um dia, segundo S. Pedro.

O nosso corpo etéreo é, a todos os respeitos, uma duplicata do nosso corpo físico. Isto, à primeira vista, pode parecer estranho e difícil me foi apreendê-lo, enquanto não compreendi o fato de que o etéreo é, na Terra, o corpo real e que, desde o momento da concepção, ele acumula sobre si a matéria física, de vibração lenta, porque, de outra maneira, não funcionaria no mundo físico, devido a serem sutis e mais rápidas, do que as deste, as suas vibrações. O corpo físico é apenas a cobertura protetora do corpo etéreo, durante a sua passagem pela vida terrena. Em realidade, aqui, as nossas mãos reais são as etéreas, apenas revestidas de uma luva de matéria física, o mesmo se dando com as outras partes do corpo. Em nós, o cérebro real é o etéreo, através do qual funciona a mente, quer estejamos neste mundo, quer no outro. Ela atua sobre o cérebro etéreo e este sobre a cobertura material a que chamamos cérebro físico. Os que hão passado pelo que denominamos morte podem ver os nossos cérebros em atividade e estudar o etéreo a trabalhar sob a influência da mente, coisa que não nos é possível a nós terrícolas. Os quadros que a nossa mente compõe podem ser vistos e, assim, tudo o que pensamos podem lê-lo os do mundo etéreo, com mais facilidade do que lemos num livro.

Somos, realmente, muito maiores do que pensamos ser, muito maiores mesmo. Limitadíssima é a nossa mente, quando manifestada através do cérebro físico; somente após nos libertarmos do físico é que lhe compreendemos a grandeza. Dizemos consciente a nossa mente terrena; entretanto, a sua reunião com o que tem o nome de subconsciente ou mente subliminal é que dá a mente completa. Neste mundo, à mente consciente é que cabe dirigir as nossas atividades; no outro, funciona a mente maior. Apenas conseguimos vislumbrar essa mente maior nos fenômenos ocasionalmente observados de telepatia, de clarividência, de clariaudiência e de previsão. É que nessas ocasiões o subliminal sobrepuja o consciente por limitado tempo e se manifesta. Dia virá em que, tendo-se adiantado o homem, o subliminal se tornará cada vez mais o fator predominante; porém, até esse ponto de desenvolvimento, a sua intromissão será esporádica e peculiar a poucas criaturas. Ao irmos para o Além, levamos conosco as lembranças terrenas, que, no entanto, se vão apagando gradativamente, passando nós a ser dirigidos e governados por essa mente maior que tem estado conosco em todas as nossas vidas, a construir-nos os corpos, a lhes regular as funções internas e a fazer-nos o que somos, embora sem o sabermos.

Outro fato de importância que repetidamente colhi dos meus informantes é o de ser absolutamente real o outro mundo, que não existe apenas a flutuar qual esgarçada nuvem, num estado incorpóreo, sem forma, ou configuração. Há nele homens e mulheres, exatamente como aqui; o termo Espírito é vocábulo meramente tereno. Não somente os corpos etéreos são em tudo semelhantes aos corpos terrenos, mas também tão reais e tangíveis, aos que deles se acham revestidos, quanto os nossos para nós. Pode, por exemplo, parecer singular que um habitante desse mundo de matéria mais sutil se jate de trazer polidas as unhas; todavia, desde que ele tem unhas, por que não haveria de tratá-las, como tratamos as nossas? Pelo fato de haver ele abandonado seu envoltório físico, não se tornaram menos reais as suas unhas. Lembremos que, quando deixamos o plano físico, o que é físico se torna irreal e o etéreo o real, para a nossa consciência. Temos muito que aprender com referência à matéria. Ela não cessa de existir por se fazer invisível aos nossos olhos físicos. Isto melhor se pode compreender, tomando-se um pouco dágua, aquecendo-a e observando o efeito. Primeiro, temos o vapor parcialmente visível, depois o supervapor, invisível. Invertendo o processo, poderemos trazer de novo o supervapor ao estado de água. Se bem que invisível, aquele é sempre matéria. O que fizemos foi apenas aumentar-lhe as vibrações e, depois, reduzi-las até chegarmos novamente à água. Os nossos corpos etéreos vibram com uma rapidez que a nossa vista física não tem capacidade para perceber; contudo, sob certas condições, quando destacadas do corpo, essas vibrações podem ser abaixadas e, com o que se chama ectoplasma, tomado de empréstimo a um médium, fazer vibrar a nossa atmosfera pelo falar.

Faz poucos anos, aprendemos que o espaço não é vazio, que o enche uma substância a que damos o nome de éter, no qual habitam miríades de seres ditos mortos, em um mundo para eles tão material como o é o nosso para nós outros. Esse mundo etéreo é o real; dele viemos e para ele voltaremos; é, ao mesmo tempo, uma condição e um lugar. Cerca a Terra, como os anéis e zonas que se observam ao derredor de Saturno, mas interpenetrando-a de maneira tal, que a matéria física não faz parte dele. Aqui, na Terra, vivemos dentro dos limites das vibrações físicas; lá, eles vivem dentro dos limites das vibrações a que são apropriados os seus corpos etéreos. Tudo para eles é tão natural, quanto para nós o é o nosso mundo; têm casas, escolas, igrejas, campos, árvores, flores, música, vestuários e todos os prazeres que a mente possa desejar. Os laços de família se reatam novamente entre aqueles que aqui viveram unidos pela afeição. Não se trabalha por dinheiro e a ausência de dinheiro é a única coisa pela qual o outro mundo difere, em absoluto, da Terra. Também, do ponto de vista social, tudo é semelhante, pois que lá estão as mesmas mentes que estiveram aqui e com os mesmos ideais e idéias que aqui tinham; porém, como vivem num meio mais delicado, podem moldá-lo e ser por ele moldados, de forma impossível aqui na Terra. A riqueza mental é a única que lá se procura, pois que os nossos pensamentos condicionam o nosso ambiente, no outro plano de consciência, em grau irrealizável na Terra. Os de inteligência inferior e de sentimentos maus formam para si condições baixas e más, enquanto que os de pensamentos puros e elevados criam condições que correspondem aos seus pensamentos. Daí a necessidade de darmos a devida atenção ao desenvolvimento do nosso caráter, seguindo linhas retas, desde agora, porquanto, assim como deixarmos o plano físico, assim entraremos no etéreo.

Se não alimentarmos pensamentos nobres, não os teremos lá. Se atravessarmos esta vida com um caráter qual o de Bunyan, com um ancinho de estrume na mão, a olhar somente para baixo, não seremos capazes de olhar para cima. Unicamente desfazendo os nossos erros, possível se nos tornará, com o tempo, progredir. Por que, então, não vivemos aqui de maneira que o nosso progresso possa ser positivo e contínuo? Estamos dia a dia preparando a nossa futura habitação; se forem puros os nossos pensamentos, lá encontraremos uma habitação pura; se forem maus, também má será a nossa morada. Constitui, pois, dever de cada um de nós, individualmente, viver na Terra de modo que o nosso próximo estágio da jornada possa em verdade ser um passo à frente no caminho da sabedoria plena que, sejam quais forem as veredas do erro em que nos tenhamos perdido, alcançaremos por fim, se o desejarmos.

CAPÍTULO XV

CONCLUSÃO

"Ser perfeitamente justo é atributo da Natureza Divina; sê-lo no mais alto grau das suas possibilidades é glória do homem."

Addison

Agora, pergunto, que é o que nos cabe concluir de tudo isto? Terei sido eu vítima de uma grande fraude? Terá explicação normal tudo o que registrei e ainda muito mais? Será mentira, ou transbordamento de uma imaginação exaltada tudo quanto me disseram acerca do outro mundo? Terão sido de Sloan, a personificar cada um dos indivíduos que se anunciavam, todas as vozes que falaram? Disporá ele de algum processo maravilhoso para obter informações sobre os amigos falecidos daqueles que lhe vão às sessões? Possuirá a faculdade de conhecer a todos, quer os tenha visto antes, quer não? Poderá ver no escuro e, mesmo com as mãos e os pés fiscalizados, houvera podido, em sessões na sede da Sociedade de Pesquisas Psíquicas de Glasgow, por quaisquer meios, tocar, sempre delicadamente, com a trombeta, cada um dos presentes, na face e nas mãos, manejando às vezes simultaneamente os dois megafones? Terá a prodigiosa faculdade de ler, e no escuro, os pensamentos e de responder a perguntas, antes de serem oralmente formuladas?

Algumas simples experiências provaram ser isso impossível. Nem foi preciso que eu os questionasse a respeito: os meus amigos do Mundo Etéreo leram em minha mente a interrogação e a ela responderam, dizendo o em que eu estava a pensar. Dá-se isso freqüentemente, antes que me seja dado falar. Esteja eu esperando tranqüilo que uma voz fale e pensando nalguma coisa inteiramente estranha ao que em torno de mim se passa, e eis que uma voz me fala do assunto que me ocupa o pensamento. Isto, por si só, constitui prova positiva de estar presente uma personalidade, com poderes que ultrapassam os de que dispõe qualquer ser vivo, e, como ocorre no escuro, ainda mais notável se torna o fato. Demos como possível que um ser humano, com a faculdade dedutiva de um Sherlock Holmes, possa ter alguma idéia dos nossos pensamentos à luz do dia, por um estudo das expressões do nosso semblante; mas, que o consiga na obscuridade, nunca.

Será que Sloan absolutamente não caia em transe, que fique de parte a manejar as trombetas e a imitar vozes através delas; será que finja ao mesmo tempo diferentes personalidades, de modo a parecer que duas entidades falam simultaneamente, quando, em realidade, é sempre e só ele quem fala? Ouvi trinta vozes distintas falar durante uma sessão, cada uma num tom especial, revelador de uma personalidade diversa das outras. Ao demais, como pode ele descrever com tanta exatidão as aparências dos Espíritos que vêm falar? Seria tudo isto uma vasta fraude; terei eu sido, e comigo outros, vítima de alguma grande conspiração? Se foi assim, trata-se inegavelmente da mais assombrosa e hábil combinação que jamais se conseguiu. Infinito trabalho e também consideráveis despesas seriam necessários para colherem-se tantas e tantas informações. E com que objetivo? Sloan vai para o seu labor às 7 horas da manhã e só regressa a casa às 18 horas. Onde acharia tempo para proceder a tão exaustivas investigações?

Salvo uma ocasião, que mencionei no capítulo IV, nunca, que me conste, ele recebeu dinheiro por todo o tempo e todo o esforço que consumia nos trabalhos psíquicos. Será um louco, a tal respeito, ou será por um mórbido prazer de notoriedade que representa semelhante farsa? Se tal coisa se pode admitir, como explicar que fosse tão retraído e estivesse constantemente preocupado com o esconder a sua luz debaixo de um alqueire? Por que se negaria a ser apresentado àqueles a quem, referindo-se a mim, chamava "meus grandes amigos"? Por que preferiria o sossego e a solidão, a fazer sessões; por que tem predileção pelo mar e por que, de tempos a tempos, se larga por meses para o oceano, onde nunca fala, nem ouve falar de Espiritismo?

De quando em quando, eu me propunha a mim mesmo um sem-número de questões, no empenho de encontrar uma explicação. Telepatia? Se fosse, como explicaríeis o episódio de Eric Saunders e dezenas de outros e, em qualquer caso, como pode a telepatia produzir uma voz longe do médium? Serei vítima de uma alucinação? Se se pudesse admitir esta hipótese, também a minha estenógrafa e todos os presentes o teriam sido. Mas, uma alucinação coletiva, durante vinte anos, como fora o caso para alguns dos amigos de Sloan, seria inconcebível, porquanto o que *um* ouve *todos* ouvem, nas sessões. Muitas vezes, ouvi Espíritos falando a um e respondendo a outro, no correr das reuniões.

Caberá a hipótese da criptestesia — recordações escondidas, ou percepção de realidades, por meio de canais extra-sensórios? Mas, pode a memória ou esse meio de percepção produzir uma voz? Poderá a minha memória profunda, ou a sua percepção extra-sensória habilitar Sloan, normal ou supranormalmente, não só a descrever com exatidão meus falecidos amigos, aos quais nunca viu, como também a lhes reproduzir as vozes, de modo a serem por mim reconhecidas e a me falarem de coisas que eu ignorava inteiramente, e que, depois, verifiquei certas? E por que, em tal caso, somente aos chamados mortos diziam respeito essas manifestações? Ou, então, por que alguns dos que se dizem viventes no mundo do Espírito trazem outros a quem vós e eles conhecestes na Terra e, às vezes, trazem alguns que não sabíeis serem seus amigos, porém que depois verificais que eram? Como pode um médium conhecer, normal ou supranormalmente, não só os vossos amigos falecidos, como também os amigos desses amigos no Mundo Etéreo, e que foram igualmente vossos amigos e deles aqui na Terra ou amigos deles unicamente, coisas estas que ignoráveis, enquanto uma ulterior investigação não as confirmou?

Nada, penso, exceto a fraude ou a realidade, explica satisfatoriamente tudo o que tive ensejo de observar. Pelo que concerne à fraude, conhecendo Sloan e os fatos, como conheço, não a levo em conta. Quanto à realidade, a prova circunstancial a seu favor é esmagadora. Ninguém jamais acompanhou, como eu, submetendo-os à mais severa crítica, os atos e palavras de Sloan em transe e fora do transe e afirmo que, durante todos esses anos, nem por atos, nem por palavras, fez ele coisa alguma que me tornasse suspeitoso, ainda que levemente, dos motivos a que obedecia. Sloan é altivo, reto e religioso, sem muita instrução, e de inteligência mediana. Bom operário, porém, não estudioso. Muito circunscrito é o seu campo literário. Disse-me, certa vez, que raros livros lera em toda a sua existência, devido à fraqueza da vista. Nunca lhe vi um livro em casa, cujos compartimentos todos percorri; apenas, uma ocasião, deparei com um jornal da tarde. Não tem capacidade para dirigir uma sessão, quais as que descrevi, normalmente, por dez minutos, ainda que o quisesse. Repugna-me aludir à fraude, tratando-se de um homem cujos princípios são tão elevados. Outros, entretanto, não o conhecem como eu e, para os que nunca procederam a experiências no campo dos fenômenos psíquicos, como fiz, a fraude é a mais simples e a mais óbvia das explicações.

Ponho, pois, de lado a fraude, ponho de lado a telepatia, ponho de lado a criptestesia. Insisto na única explicação que se coaduna com todos os fatos, nomeadamente o de continuarem vivos os que supúnhamos mortos; o de terem eles, como temos nós, corpos de um tecido mais delicado do que o dos nossos corpos físicos; o de habitarem um mundo de matéria mais sutil que a do nosso; e o de poderem certos indivíduos chamados médiuns supri-los de uma substância que, misturada a ingredientes que eles próprios fornecem, os habilita, por tempo limitado, a assumir condições físicas e, com suas lembranças, afeições e caracteres diferentes, sustentarem conversações com seus amigos ainda existentes na Terra.

Minha mente se conserva pronta a receber quaisquer posteriores explicações que a Ciência possa oferecer. Até agora, porém, ainda ela nenhuma explicação me deu, consentânea com todas as provas que obtive. Com efeito, até muito recentemente, a Ciência pouca atenção há dado aos fenômenos por mim descritos. A Sociedade de Pesquisas Psíquicas de Londres gastou anos estudando os fenômenos mentais; entretanto, os da voz independente, talvez os mais importantes de todos, porque implicam a identificação pessoal, jamais foram, que eu saiba, oficialmente investigados. Se ela o tivesse feito, bem possível houvera sido, então, isolar a máscara materializada e tomar-lhe o peso, o que tornaria mais compreensível a sua construção e a maneira de ser utilizada. Temos que aprender as leis que regem os fenômenos. Vasto campo se acha aberto ao investigador e confio que o que escrevi animará alguém, de mentalidade científica, a prosseguir nessas investigações, levando-as até a um ponto em que claro se tornará o que hoje é obscuro, porquanto essencial se faz um completo apanhamento científico dos fenômenos.

O que deixo escrito é um registro fiel das minhas experiências, registro que me julguei na obrigação de fazer. Alguns as aceitarão, outros suspenderão sobre elas o juízo, enquanto muitos sem dúvida lhes negarão crédito, sobre o fundamento de que, sem ilusão, não podem tais coisas ocorrer. Responderei aos críticos com as mesmas palavras de que usou Pasteur, retorquindo aos que lhe impugnavam aprioristicamente as descobertas: "Em tudo isto, não se trata de religião, nem de filosofia, nem de ateísmo, nem de materialismo, nem de espiritualismo. É uma questão de fato." Os fatos aí estão e o lhes virarem as costas não os altera. Se alguém edificar um sistema de crença em oposição a esses fatos, tal sistema terá que se modificar, para pôr-se de acordo com os fatos, porquanto estes não se alterarão para acompanhar nenhum sistema particular de crença.

Acredito que a Ciência e a Religião, em aceitando esses fatos, se unirão; os homens darão imenso passo à frente no desenvolvimento intelectual e a família humana se congregará fraterna e harmoniosamente.

Posso agora deixar tranqüilamente que o futuro traga mais provas cumulativas em apoio das minhas asserções, certo de que dia virá em que o descrer da realidade dos fenômenos psíquicos será pleitear a ignorância, e zombar deles será rematada loucura. Todavia, o mundo se compõe dos que não pensam maduramente sobre tais assuntos, ou que, se o fazem, ficam satisfeitos com a suposição de que nada mais lhes resta por aprender, de que já está sabido tudo quanto podíamos saber do Universo, e, de outro lado, compõe-se dos que conseguiram aprender alguma coisa, do que existe para lá do véu, com os que se foram antes de nós, pelo que trazem ampliada a sua visão.